성 안토니의 생애
부록: 마르셀리누스에게 보낸 편지

아타나시우스 지음

성 안토니의 생애

초판 1쇄	1995년 8월 30일
초판 3쇄	2005년 10월 30일
재2판 1쇄	2009년 2월 28일
재2판 2쇄	2019년 3월 30일

편역	아타나시우스
역자	엄성옥
발행처	은성출판사
등록	1974년 12월 9일 제9-66호

ⓒ 1995, 2019년 은성출판사

주소	서울시 강동구 성내동 538-9
전화	070) 8274-4404
팩스	02) 477-4405
홈페이지	http://www.eunsungpub.co.kr
전자우편	esp4404@hotmail.com

출판 및 판매에 관한 모든 권한은 본 출판사가 소유하고 있습니다. 출판사의 사전 서면 허락없이 상업적인 목적으로 번역, 재제작, 인용, 촬영, 녹음 등을 할 수 없음을 알려드립니다.

Printed in Korea
ISBN: 89-7236-370-5

The Life of Antony
&
The Letter to Marcellinus

by
Athanasius

머리말

아타나시우스Athanasius 295-373년경는 알렉산드리아 사람으로서 일찍이 알렉산드리아 기독교 공동체의 번영, 특히 주교단의 신학 및 행정 프로그램에 기여했다. 알렉산더 감독의 고문이었던 아타나시우스는 325년에 열린 니케아 종교회의에 참석했고, 삼 년 후에는 알렉산더의 뒤를 이어 감독직을 맡았다. 그는 감독으로서 거의 반세기 동안 교회 내의 반대자들(특히 아리우스와 그 추종자들)에 맞서 싸워 결국 승리를 거두었다. 아타나시우스는 타협을 거부하고 정열적으로 자신의 뜻을 개진했는데, 결국 다섯 차례나 알렉산드리아에서 추방되었다. 그는 감독으로 재임하는 기간의 삼분의 일이 넘는 세월을 알렉산드리아 밖에서 보냈다.

아타나시우스의 사상은 그 이전에 클레멘트와 오리겐이 세운 사색적이고 대담한 알렉산드리아 신학으로부터의 변화를 나타낸다. 그의 사상은 니케아에서 승인된 믿음의 날을 세웠다는 점에서 예리하며, 다양한 문학적 표현에 조예가 깊음을 보여 준다.

아타나시우스는 356년 안토니가 사망한 후인 세 번째 추방 기간 355-362 중에 『안토니의 생애』 Life of Antony를 저술했다. 시편 해석에 대한 저술인 『마르셀리누스에게 보낸 편지』 Letter to Marcellinus의 저술 시기는 정확히 알 수 없다.

논쟁의 시대에 태어난 아타나시우스는 그 싸움에 적극적으로 참여하였다. 그는 교회 내의 적들에게는 감당할 수 없는 적수였고, 줄리안 황제에게는 "평화를 교란하는 자요 신들의 적"이었다. 아타나시우스는 그리스 교회 전통에 있어서 "정통 신앙의 아버지"이며, 초기 기독교 역사에서 위대한 인물이다.

서 문

이 책에는 두 가지 상이하면서도 상호 보완적인 글이 수록되어 있다. 두 글 모두 4세기 기독교인들의 사랑을 받았던 알렉산드리아의 아타나시우스 감독이 저술한 것이다. 아타나시우스는 모든 저술에서 엄격하게 기독교의 구원과 신학을 다루있다. 이 타나시우스의 저술들 중에서 『하나님의 말씀의 성육신에 관하여』*On the Incarnation of the Word of God*가 극히 중요하지만, 은수사 안토니의 생애를 이야기하는 첫째 편지는 아타나시우스가 저술한 가장 영향력 있는 글이다. 첫째 편지에 비해 그리 중요하지 않은 두 번째 편지는 마르셀리누스에게 쓴 것이다. 아타나시우스는 시편을 사용하고 해석하는 방법을 설명함으로써 안토니의 전기가 보여 주는 면만큼 중요하게 여겨지지 않은 자신의 사상과 경건의 일면을 보여 준다.

『안토니의 생애』의 문학적 형식은 이교의 영웅전을 의존하고 있지만 기독교 성인전이라는 장르를 개척하고 그 틀을 확립했다. 『마르셀리누스에게 보낸 편지』는 회중 찬송과는 구분되는바 개인적이고 경건한 시편 묵상에 의해서 영적 유익을 얻는 데 관한 가장 오래된 지침서이다.

서머나의 폴리캅의 순교 이야기가 성인전이라는 장르의 선구자격인 순교자들의 전기라는 양식을 확정했듯이, 안토니의 이야기는 기독교 성인전의 모범이 되었다. 폴리캅의 이야기에는 실제로 그에게 일어났던 일이라고 여겨지는 것들뿐만 아니라 초기 기독교 순교자들의 경험들과 그들에 관한 이야기들의 주요 주제라고 주장되는 것들이 기록되어 있다. 나는 "시련과 고문을 받을 때에 나타낸 초자연적인 용기, 죽음을 예고해 주는 환상들, 그리스도와의 동일성 및 그리스도께서 순교자들 안에서 그들과 함께 죽으심에 대한 암시들, 영혼이 직접 하늘로 날아감, 믿음의 동료들이 순교자들을 존경하며 거행한 장례" 등의 요소들을 열거했다 Christianity in European History [1979], p. 90. 후대의 순교자들은 각자의 개성과 특성이나 상관없이 모두 폴리캅처럼 이러한 특징들을 공유하는 경향을 나타냈다. 마찬가지로 아타나시우스가 저술한 전기의 주인공인 안토니는 후대의 성인들, 특히 수도 성인들의 표준이 된 기독교적 구원과 고결함과 관련된 특징들을 나타냈다.

고전 작품에서 서문이란 독자들에게 책 내용을 먼저 알게 하여 선입감을 줌으로써 독자 스스로 깨달을 수 있는 바를 제한할 수 있다. 『안토니의 생애』를 읽는 사람들은 매우 풍성하고 다양한 것들을 발견할 수 있다. 따라서 우리는 후대 성인들의 경험의 표준이 될 수 있는 안토니의 경험의 몇 가지 특징들을 지적할 수 있을 것이다.

  첫째, 안토니는 크게 회심한 사람이다. "회심"이라는 말은 자칫하면 하나의 흔하고 예리한 영적 문제를 영구히 해결해 준 전향을 암시한다고 이해될 수도 있지만, 그렇지 않다. 번연의 『천로역정』에서 좁은 문에 들어가기 전의 기독도처럼, 젊은 안토니는 부모에게 순종하고 하나님에게 충실한 기독교인으로 자랐다. 안토니의 이야기는 기독교로의 회심이 아니라 기독교적 구원을 향해 가는 사람의 회심 가능성으로의 전환에서부터 시작된다. 후일 어거스틴과 그의 친구인 폰티키아누스는 이 이야기에서 아타나시우스가 애써 표현한 것—안토니가 악한 자의 공격에 맞서 영적으로 한층 높은 차원에 도달할 수 있게 되었다는 것—에 흥미를 느꼈다.

  이것은 이 책에서 초점을 두는 기독교 성인이 되는 두 번째 기준을 암시해 준다: 그것은 수도적 거룩의 전통, 거룩한 생활이 지닌 사다리와 같은 특성으로서 높이 올라갈수록 떨어질 때의 위험이

크다. 7세기 초에 사다리의 요한John Climacus은 이것을 명시했고, 클레르보의 버나드Bernard of Clairvaux는 겸손의 계단과 교만의 계단이 병행한다고 주장함으로써 이것을 납득시켰다. 그러나 안토니의 경험은 요점을 매우 분명하게 암시해 주었다. 그는 마귀와의 처음 싸움에서는 이겼으나, 전열을 가다듬고 강포해진 마귀는 더욱 교활한 전략을 가지고 더욱 격렬하게 싸울 준비를 갖추고 돌아왔다.

셋째는 그에 따른 당연한 경험이다. 영성훈련으로 말미암아 기진한 안토니는 그리스도에게서 무기를 구했고, 마침내 모든 실질적인 목적을 위해서 완전히 구주를 의지하게 되었다. 그리하여 안토니의 정체성은 구주의 정체성이 되었고, 그의 행위는 신의 사역을 위해 예비된 행위가 되었다.

넷째, 거룩한 구주와 동일한 정체성을 소유하고 완전히 구주를 의지하게 된 안토니는 그리스도께서 그를 위해 선한 일을 행하신 것처럼 그도 이웃을 위해 선한 일을 행했다. 물론 이제는 안토니 자신이 이러한 자선과 구원을 행한다고 해석할 수 없었다. 왜냐하면 그는 회심 가능성을 통해서 동화되고 있는 대상의 대리인이 되었기 때문이다.

마지막으로 그는 안토니라는 이름을 가진 인간으로서의 개인적인 정체성을 상실하지 않으면서 어떤 의미에서 그리스도를 닮은 사람으로 변화되었다. 아타나시우스는 기독교의 구원은 신화 deification를 의미한다고 여겼다. 일반적인 의미에서 그의 신화로 치료된 악은 하나님의 형벌을 받아 마땅한 개인적인 죄가 아니라 하나님의 치료를 필요로 하는 개인적인 정념과 유한성에 속한 죄였다. 안토니가 회심 가능성으로 인해 정념을 초월하게 되면서 정념이 제거된 그의 몸은 순결해졌고, 안토니 자신은(최소한 죽기 전까지는) 불멸하게 되었다.

아타나시우스 이후에는 변덕스러운 인간에서 불변하는 신-정확하게 말하자면 신화된 불변하는 인성-으로의 기독교적 변화에 대해 그만큼 담대하게 말한 사람이 없었다. 아타나시우스가 묘사한 안토니는 기독교 성인, 수도사들이 표준적인 기독교인들이었던 오랜 기간 동안 기독교의 표준적인 수도 성인이었기 때문에 많은 사람들이 그것에 근접해 왔다. 아타나시우스는 예수 그리스도 안에서 인간이 되신 거룩한 로고스와 신화되어 회심할 수 있는 기독교인을 구분했다. 안토니의 전기에서 아타나시우스가 묘사한 영성은 신인 god-man의 영성이 아니라 인신 man-god의 영성이었다. 신인께서 안토니를 인신으로 만드셔야 했다. 다시 말해서 이 성인전에서 안토니가 구현한 것은 수십 년 전에 이레내우스가 예수 그리스도에 의한 구원을 요약하기 위해 기록한 것과 일치한다: "우리를 그분처럼 만들기 위해서 그분이 우리처럼 되셨다."

그렇다면 그 과정에서 안토니 자신이 행한 것은 전혀 없을까? 어떤 의미에서 안토니가 행한 것이 있다. 그는 모든 것을 팔아 구제하고 주님을 따르라는 성경의 명령에 순종했다. 그는 은둔자 스승에게서 고행을 실천하는 방법을 배웠고, 그리스도의 이름으로 기도했다. 그는 성경을 낭송했고, 십자 성호를 그음으로써 사탄을 물리쳤다. 그는 열심히 기도하고 신음했다. 그는 이웃을 돕고 가르치고 치료해 주었다. 그러나 이 모든 일에 있어서 그는 그리스도에게서, 또는 그리스도를 통해서 이용할 수 있는 자원과 능력을 받을 준비를 갖춘 사람, 회심 가능성이 있는 사람에 불과했다. 한편 그리스도는 신성의 모든 자원과 능력과 본질을 아버지 하나님과 공유하셨다.

따라서 아타나시우스의 『안토니의 생애』에서 안토니는 아타나시우스의 신학의 힘과 불확실한 것들을 실현된 삶 안에서 증명한다. 아타나시우스는 젊어서 니케아에서 알렉산더 감독을 도우면서 신격에 의해서만 이루어질 수 있는 기독교적 구원에 헌신했다. 아리우스파는 상식적으로 예수 그리스도 안에서 인간이 되신 거룩한 로고스의 것으로 간주되어야 하는 신성이 죄악된 인간을 구원하는 일을 행하시기에 충분한 신이라고 주장했는데, 아타나시우스는 아리우스파의 기독론을 비열하게 여겼다. 아리우스파 사람들이 경험하는 구원은 성공한 구주와 공유하는 구원이었다. 그들의 구원은 실현 가능성이 큰 것이었다. 그것은 아버지와 동질인 아들이라는 식의 생각조차 못할 것들에게 호소하지 않았다.

그러나 안토니의 전기에서 증명되듯이, 아타나시우스가 볼 때에 아리우스파의 구원은 인간들에게 매우 필요한 것을 전달하지 못했다. 즉 인간의 피조물성-유한성 또는 사망-이라는 특징을 극복하지 못했다. 만일 구세주가 유한한 피조물이라면, 구원받는 사람들은 아무리 거룩하다고 해도 죽을 것이다. 기독론에 관한 있을 법하면서도 상상할 수 없을 수도 있는 이 주장은 두 가지 심각한 문제를 제기했다. 만일 구원이 피조물의 특성을 초월한 상태라면, 피조물은 구원받는 것에 대해서든지 구원받는 것을 향해서든지 아무런 일도 행할 수 없을 것이다. 게다가 이 구원을 위해서 구세주가 철저히 피조물의 특성을 벗어나야 한다면, "우리를 그분처럼 만들기 위해서 그분이 우리처럼 되실 수 없을 것이다." 아리우스파의 논거들 및 그와 비슷한 논거들에도 불구하고 아타나시우스는 구원과 기독론에 대한 해석에서 그러한 문제들을 인정하지 않았고, 적어도 한 번은 그 문제들을 덮으려 했다. 그러므로 이 점에 있어서 『시편 해석에 관해 마르셀리누스에게 보낸 아타나시우스의 편지』는 매우 독창적이다.

아타나시우스의 시대에 많은 기독교인들은 시편을 암송했다. 예배 때에 신자들이 시편을 찬송으로 사용하는 것이 이미 오랜 전통이 되어 있었다. 2세기 중반에 마르시온 및 그의 추종자들이 구약성경에 이의를 제기한 일 외에는 이 전통에 대한 이의는 거의 제기되지 않았다. 아타나시우스가 거주하던 알렉산드리아의 위대한 교리문답 학교는 2세기 중반의 판태누스Pantaenus부터 3세기의 오리겐을 거치면서 성경, 특히 구약성경과 시편을 해석하는 특별한 방법을 완성했다. 이 방법은 그리스도에 대해 직접적으로 언급하지 않는 성경 구절들이 그리스도에 대해 분명하고 설명적인 통찰을 담고 있다고 간주했다. 이 방법을 완성한 중세 스골라주의사들은 이를 성경 구절이 지닌 네 가지 의미에 대한 슬로건으로 요약했다: 문자적인 의미는 사실들을 가르치며, 풍유적인 의미는 믿어야 할 것을 가르치며, 도덕적인 의미는 마땅히 행해야 할 것을 가르치며, 영적(신비적)인 의미는 우리가 지향해야 할 것을 가르친다. 이 네 가지 의미 중에서 가장 중요하지 않은 것이 문자적인 의미이다. 왜냐하면 모든 "사실들"은 풍유적으로 기독교 신앙과 행동과 소망의 표준인 그리스도를 가리킬 수 있기 때문이다.

아타나시우스는 개인적으로 시편을 사용하는 것에 대한 글에서 그리스도에 대해 역사적이고 신학적인 언급을 하지 않으면서 그리스도 안에 있는 구원에 대해 많은 말을 할 수 있었다. 그는 다른 곳에서는 주로 아리우스파를 대적하여 니케아 정통 신앙만을 이야기했지만, 여기에서는 다른 것을 이야기한다. 그는 이미 성육하시고 구원을 성취하신 그리스도에 대해 논한 것이 아니라 장차 오실 구세주를 예고한다.

이 해석에 의하면 시편들은 신약성경을 예고하고 예비해 주는 책들인 구약성경 전체를 요약하고 있었다. 이스라엘이 구세주를 예비할 준비를 갖춘 것은 풍유적으로 인간 영혼이 구원받을 준비를 하는 것이 되었다. 아타나시우스는 그 편지에서 시편을 다음과 같이 찬양한다: "시편은 그 내용에 있어서 다른 책들과 유사하다는 점 외에도 자체의 비범함을 소유한다. 다시 말해서 시편에는 각각의 영혼의 감정들이 담겨 있으며, 이것들의 변화되고 수정된 것들을 그 자체 안에 소유한다"(§ 10). "은혜는 구세주에게서 온다." 그러나 "시편에는 영혼들의 삶의 과정을 나타내는 완전한 이미지가 담겨 있다." 그 후에 아타나시우스는 일상생활의 감정 상태와 위기와 시험과 즐거움을 분명하고 상세하게 열거하며, 시편이 동요하는 감정들을 완화하여 정념이 없게 하는 데 적절한 근거를 찾는다.

영성생활을 깊이 있게 만들려 하는 사람은 "시편-진통제"라고 부를 수도 있는 것과 관련된 이 다함이 없고 보편적인 처방을 사용함으로써 자신의 구원을 위한 중요한 일들을 행할 수 있다. 영혼은 구세주에 의한 회심을 준비할 때에 시편에 요약되어 있는 이스라엘을 본받아 구세주에게서 오는 구원을 향해 나아갈 수 있을 것이다.

아타나시우스는 하나님의 선민들의 역사적 경로를 통해서 구원과 기독론에 접근한 후에 이 역사가 구원을 기대하는 신자 개인 영혼의 내면생활이나 감정생활이라고 풍유적으로 해석함으로써 자신의 형이상학적 구원론과 기독론의 주요 문제들을 감추었다. 이 해석에 의하면, 구주는 실제로 "우리를 그분처럼 되게 하기 위해서 우리처럼 되셨다." 이 두 가지 변화, 즉 주님의 변화와 우리의 변화는 갈망과 의도와 행위와 업적을 포함하는 과정이 된다. 아타나시우스는 구원하시는 로고스와 신성 안에 계신 아버지가 동일 본질이라는 니케아 공의회의 진술에 한마디도 추가할 필요가 없었다. 만일 그의 전문적인 신학이 구원을 절대적인 것으로 만들었기 때문에 구세주가 멀어지고 구원받은 사람들의 헌신을 통한 개인적인 성취가 무력화된다면, 이 개인적인 헌신의 계획에는 구원을 위한 영혼의 준비에 관한 묵상을 통해 접근할 수 있는 구세주가 포함될 것이다. 동방과 서방에서 이 신학과 신앙은 결코 충족되지 못했지만, 아타나시우스의 신앙은 이 신학의 대가에 의해 표현되어 졌다.

이 고대의 영성이 현대인에게 주는 의미는 무엇인가? 그 대답은 간단하다. 이 모든 것은 세상에서의 우리의 존재 양식과 전혀 다르다. 우리는 안토니와 유사하다고 가정하는 것들을 확대하여 그와 철저히 공감하는 행동을 할 수 없다. 그러나 우리는 자신이 살고 활동하는 우주를 상상으로 건설하며 불신앙을 저지함으로써 잠시 그러한 우주들 속으로 들어간나. 아타나시우스의 우주, 아타나시우스가 저술한 글의 주인공 안토니의 우주, 그리고 그의 편지의 수신인인 마르셀리누스의 우주는 우리의 우주와 다르기 때문에 우리는 상상으로 그들의 우주를 재건하고 잠시 그 안에 들어갈 수 있다. 그렇게 하는 것은 결코 그들이 누린 복을 얻기 위한 것이 아니며, 또 그들과 같은 질병을 앓거나 그들의 미신을 믿는 것도 아니다. 우리는 그들의 경험을 대신하여 소유할 수 없다. 우리가 할 수 있는 일은 얼마 동안 그들이 처한 상황을 상상함으로써 최선을 다하는 것이다. 그렇게 함으로써 우리는 너그러움을 획득한다. 즉 우리의 영혼과 정신을 확대한다.

아타나시우스의 저술들을 읽는 독자들 중에는 이미 획득한 기독교의 구원을 획득하기를 열망하는 사람들이 있을 수 있다. 그러한 사람들은 인간이 이러한 구원을 얻기 위해 아무것도 할 수 없으며 혹시 구원이 일어나는지 기다려 보는 수밖에 없다는 아타나시우스 신학의 주된 흐름에 주목해야 할 것이다. 그렇지 않다면, 그러한 독자들은 시편에서 위안물을 얻는 풍유적인 방법을 채택해야 할 것이다.

아타나시우스는 싸우면서 논쟁의 기술을 익혔으며, 자신이 의미하는 바를 가능한 한 정확히 기술했다고 가정할 수 있다. 독자는 이 저술들 속에서 아타나시우스가 의도했던 바를 그의 사상의 정리나 그의 표현의 전달에 있어서 가장 정확한 형태로 읽어 낼 수 있으리라 확신한다.

거룩한 교부 **안토니의 생애**
(해외에 거주하는 수도사들에게 보낸 글)

머리말

여러분은 덕을 훈련하는 데 있어서 이집트 수도사들의 수준에 이르거나 그들을 능가하려는 의도를 가지고서 그들과 선의의 경쟁을 시작했습니다. 지금 여러분은 수도원을 소유하고 있고, 수도사들의 이름은 공적인 영향력을 지닙니다. 어떤 사람은 여러분의 이러한 목적을 칭찬할 것이며, 여러분이 기도하면서 구하는 대로 하나님이 여러분의 요구를 이루어 주시기를 기원합니다.

여러분은 복된 안토니가 어떻게 훈련을 시작했는지 알기를 바라면서 그분의 일생에 대해서 나에게 질문했습니다. 즉 그분을 본받아 살기 위해서 그분이 이러한 생활을 하기 전에는 어떤 분이었으며 어떤 종류의 죽음을 경험했는지, 그리고 그분에 관해 전해지는 일들이 사실인지 등을 질문했습니다. 나는 호의를 가지고 여러분의 요청을 받아들였습니다. 안토니를 기억하는 것은 나에게도 큰 유익과 도움이 됩니다. 나는 여러분이 그분에 대해 듣고 놀랄 뿐만 아니라 그분의 뜻을 본받기를 원하리라는 것을 압니다. 왜냐하면 안토니의 생활방식은 수도사들에게 수덕적 실천을 위한 충분한 본보기를 제공하기 때문입니다. 그분에 대해 이야기하는 사람들의 말을 의심하지 말고, 그들에게서 그분의 위업들 중 몇 가지만 배웠다고 생각하십시오. 왜냐하면 그들은 그처럼 많은 위업들에 대해 완전한 묘사를 제공하지 못하기 때문입니다. 또 나는 여러분의 권유를 받아들여 편지로 가능한 한 많은 것을 전달하며 그분의 일들 중 일부를 상기시켜 주겠지만, 이곳에서 가는 사람들에게 질문들을 하십시오. 각 사람들이 가기 자신이 알고 있는 것들을 말해도 그분에 관해 공정한 설명이 이루어지지 못할 것입니다.

나는 여러분의 편지를 받으면서 그분과 보다 가까이 지냈던 수도사들 중 몇을 부르러 사람들을 보내어 보다 많은 것을 알아낸 후에 여러분에게 보다 완벽한 이야기를 전하고 싶었습니다. 그러나 항해 시즌이 끝나고 있었고 편지를 가져가는 사람이 열심이었기 때문에 내가 그분을 종종 만났었기에 알고 있는 것 및 내가 여러 번 그분을 따라가면서 배웠던 것을 서둘러 기록했습니다. 나는 누군가 너무 많이 들어서 불신하거나 반대로 배워야 할 만큼 배우지 못하여 그분을 경멸하는 일이 없게 하기 위해서 진리에 정신을 집중했습니다.

서 언

이 책에 실린 두 편의 초기 기독교 저술들은 주제와 형식에 있어서 매우 상이하다. 한편의 저술은 유명한 "하나님의 사람"man of God의 삶과 가르침을 설명하기 위해서 이야기체를 채택한 데 반해, 나머지 한편에서는 시편의 본질과 용도에 관해서 매우 체계적인 가르침을 제공한다. 이 두 편의 장문의 편지들은 그 목적과 문체기 대조직임에노 불구하고 교부 시대 기독교 신앙의 공통적인 특징을 지니고 있다. 독자들은 이 두 작품에 교회 교부 시대의 기초가 되는 가정들과 개념들과 에너지들이 가득하다는 것을 곧 깨달을 것이다.

『안토니의 생애』Life of Antony의 저자에 관해서 논란이 있어 왔지만, 현재 이 두 편 모두가 아타나시우스Athanasius의 작품으로 인정되고 있다. 아타나시우스는 328년부터 373년까지 소란스러운 시기에 논쟁에 휘말려 여러 번 추방된 알렉산드리아의 감독이었다.

아타나시우스는 325년에 니케아 공의회에서 명시한 기독교 신앙을 옹호하라는 소명을 받았고, 이단을 반대한 행동주의자요 저술가로서의 능력 때문에 4세기에 교회 문제나 정치적인 문제에서 강력한 개성을 나타낸 인물이 되었다. 이 책에 수록된 글들은 논증을 목적으로 한 것들이 아니지만 아타나시우스가 반정통적인 사상들과 교리들을 경계했다는 증거를 제공해 준다.

고대 그리스 세계의 표준에 의해 『안토니의 생애』는 즉시 문학적인 선풍을 일으켰다. 이 글은 교회의 지식층 사이에 널리 유포되었고 다른 사람들에게도 낭독되었을 것이며, 곧 번역되어 헬라이를 알지 못하는 사람들도 이 작품을 접할 수 있게 되었다. 이 글에는 개인이나 기관을 위해 매우 혁신적인 함의들을 지닌 기독교적 삶에 대한 견해가 포함되어 있기 때문에 현대적인 의미에서 "경건 서적"으로 분류될 수 있다. 『안토니의 생애』와의 만남은 잊지 못할 충격적인 결과를 초래할 수도 있을 것이다. 안토니의 행위와 능력에 대한 아타나시우스의 이야기는 기독교 공동체 너머의 독자들에게도 호소력을 발휘했다. 어느 시대 어느 문화권에서든지 거룩한 사람들의 업적에 대한 이야기들은 매력을 지니지만, 로마 시대 말기에는 이러한 성향이 특히 강했다. 안토니라는 인물은 우리 시대와 문화를 크게 놀라게 하며, 심지어 도전적이기도하다. 다른 시대에는 안토니를 그처럼 기괴하게 생각하지 않았지만, 처음부터 기독교인이든지 기독교인이 아니든지 그의 생애에 대해 알게 된 사람들의 반응에는 감탄과 어리둥절한 매력이 뒤섞여 있었다.

『마르셀리누스에게 보낸 편지』Letter to Marcellinus는 『안토니의 생애』만큼 선풍적인 인기를 끌지는 못했다. 아타나시우스가 시편을 다룬 방법은 안토니의 생애와는 무척 다른 면에서 도발적이며, 엄격한 의미에서 그 주제는 보다 비전秘傳적이다. 거기에는 공적인 기도나 사적인 기도에 시편을 사용하는 사람들만을 대상으로 하는 정보와 지시가 담겨 있다.

『안토니의 생애』

고전으로서의 단순성과 복잡성

 356년에 안토니가 사망한 직후 아타나시우스는 이 유명한 이집트인의 삶에 대한 보다 많은 정보를 알려 달라는 요청에 응답했다. 아타나시우스와 서신을 주고받은 사람들은 안토니의 청년 시절, 수도생활의 시작, 임종할 때의 태도 등을 알고자 했다. 아타나시우스는 급히 단편들을 종합하여 하나의 이야기를 만들었는데, 그것이 후일 기독교 역사에서 가장 영향력 있는 저술들 중 하나가 되었다. 그 이야기는 안토니의 청년 시절, 전통적인 사회의 압박과 의무에서 벗어나려는 결심, 덕의 길을 추구하여 사막으로 더 깊이 들어가면서 겪어야 했던 시련들과의 싸움, 다른 기독교인 은거자들에게 준 가르침, 그의 수실을 찾아온 사람들을 대한 태도, 위험한 시기에 알렉산드리아를 방문했던 일, 그리고 그의 죽음과 매장 등을 언급한다.

 수십 년이 못 되어 『안토니의 생애』는 지중해 동편의 헬라어를 사용하는 기독교인들뿐만 아니라 골Gaul 지방과 이탈리아에 거주하는 라틴계 기독교인들 사이에서도 인기를 얻었다. 현대의 어느 학자는 "400년에 이르러 안토니는 이미 영웅이 되어 있었다"라고 논평하는데, 이것은 주로 아타나시우스 덕분이었다. 아타나시우스의 표현 덕분에 『안토니의 생애』는 일찍이 고전으로서의 위상을 획득했다.

『안토니의 생애』의 매력은 무엇이었을까? 한 가지 답변으로는 충분하지 못할 듯하다. 지난 세기의 연구에 의하면 아타나시우스의 『안토니의 생애』는 여러 가지 특징을 지니고 있으며, 문학적으로 매우 독창적인 작품이다. 그 시절의 화려하고 균형잡힌 콥트(고대 이집트) 양식의 태피스트리처럼 안토니에 대해 상세히 묘사한 이 훌륭한 작품은 예술적으로 단순하며, 소재의 선택 및 주요 사건들의 배치는 아타나시우스가 스타일의 범주에 민감했음을 보여 준다. 따라서 『안토니의 생애』는 여러 층의 독자들에게 각기 다른 매력을 지닌다. 이 작품이 인기를 끄는 공통분모를 찾는다면 보는 훌륭한 이야기, 특히 고전적인 소설 안에 존재하는 두 가지 필수적인 요소들을 훌륭하게 결합한 것을 지적할 수 있을 듯하다: 『안토니의 생애』에서 부각시키는 것은 안토니라는 거물, 그리고 그의 위업의 기이하고 이국적인 배경이다. 무덤에서 귀신들과 싸운 것, 기적을 행한 것, 자신의 장래에 대한 환상들을 본 것, 또 안토니를 곤경에 빠뜨리려 한 현인들을 당황하게 만든 것 등은 모든 독자들의 눈길을 끈다. 또 안토니의 전기를 읽는 독자들을 안토니에게서 교차하는 듯이 보이는 두 가지 에너지에 몰두하게 한다. 왜냐하면 안토니의 전기는 한편으로는 부단한 자기 성찰과 노력, 다른 한편으로는 하늘이 주신 능력의 형태를 취하는 도움의 상호작용이라고 볼 수 있기 때문이다. 귀신들과의 싸움은 곧 자아와의 싸움으로서 거룩한 능력과 은총을 획득하는 결과를 초래할 때에만 의미를 지닌다. 분명히 많은 사람들이 안토니의 분투와 소망에 동참해 왔다.

『안토니의 생애』가 어떤 종류의 고전과 관련이 있는지는 해결되지 않은 질문이다. 그 책의 주요 주제와 문학적 구성에 대한 판단의 범위는 무척 방대하다. 『안토니의 생애』와 성경의 표준적인 주제들 및 모티프들 사이의 관계를 강조하는 데 초점을 두는 학자들은 다음과 같은 많은 제안을 개진해 왔다: 그 저서의 기본 구조는 복음서들 안에 기록되어 있는 유혹 이야기에서 파생된 것이다; 안토니가 받아들인 단순한 생활의 기원은 사도행전 2장 42절 이하에 묘사된 초기 기독교 공동체 시절에서 찾을 수 있다; 이 "하나님의 사람"의 모범은 구약의 선지자들의 전통, 사도들, 순교자들, 천사들 등에 의해 제공된다. 『안토니의 생애』의 주요 관심사들과 구조에 대한 이러한 해석들은 루이 보이예Louis Bouyer의 주장과 맥락을 같이한다. 루이 보이예는 "수도원 운동의 선조들이 가장 기독교적이며, 그 운동의 기본 동기들이 가장 복음적이다"라는 것을 발견했다.

『안토니의 생애』의 기초가 성경적이고 기독교적이라는 이와 같이 단호한 항변들은 금세기 초부터 시작된바 아타나시우스의 작품의 전거들을 고전문학에서 찾으려 하는 일련의 연구에 대한 반응이다. 아타나시우스가 『피타고라스의 생애』Life of Pythagoras, 필로스타라투스의 『티아나의 아폴리니우스의 생애』Life of Apollinius of Tyana, 포피리의 『플로티누스의 생애』Life of Plotinus, 크세노폰의 『아게실라우스 왕의 생애』Life of King Agesilaus 등의 작품을 잘 알고 있었고 또 그 작품들을 의존했다는 것을 지적하기 위해서 증거가 제시되었다. 이 작품들과 『안토니의 생애』의 여러 부분에서 비슷한 구절들을 확인한 것은 설득력이 있다고 판단되지 않있지만, 아타나시우스가 안토니를 묘사하기 위한 본보기로서 영웅이나 현인의 삶을 다루는 고전적 장르의 특징 몇 가지를 사용하려 했다는 것을 확증해 준다.

『안토니의 생애』는 광야에서의 시험과 그리스도를 본받음 imitatio Christi이라는 성경적이고 기독교적인 주제들을 제시하기 때문에 고전인가, 아니면 고인이 된 저명인사의 국적과 행위와 교육 등을 설명하는 그레코 로마 세계의 찬사의 규정과 일치한다는 점에서 고전인가? 이 두 가지가 서로 배타적이라고 주장할 근거는 없다. 아타나시우스도 다른 교부 작가들과 마찬가지로 기독교 신앙에 대한 열심 때문에 고전문학과 학문을 완전히 포기하지는 않았다. 이 점에 있어서 아타나시우스가 『안토니의 생애』를 저술한 이유를 자세히 살펴보아야 한다. 아타나시우스는 『안토니의 생애』의 서두에서 안토니의 이야기가 다른 수도사들에게 본보기를 제공하려는 의도에서 저술되었다고 시사하지만 마지막 부분에서는 그 글이 이교도들에게도 유익할 것이라고 덧붙여 말한다. 아타나시우스는 그 글을 읽으면서 영감을 받을 기독교인 독자들뿐만 아니라 그의 다른 저술들-Contra Gentes 와 De Incarnatione-의 수령인이었던 잠재적인 회심자들을 마음에 두고서 그 글을 저술했다. 사실 안토니가 자기를 찾아온 철학자들을 만난 일들은 아타나시우스가 좋아하는 변증적 주제들 중 일부를 반영한다.

그러므로 『안토니의 생애』는 한 가지 유형 이상의 독자들을 대상으로 하는 고전이다. 후기 고전문화에 몰두한 사람이라면 아타나시우스가 묘사한 안토니에게서 현인의 윤곽을 식별했거나 자족이라는 고대 그리스의 이상이 새롭게 주조되었음에 주목했을 것이다. 기독교인 독자들이 볼 때에 안토니는 절대적인 순종이라는 복음서의 소명을 극적으로 표현했을 뿐만 아니라 기독교 선포의 핵심이 되는 문제-바울의 표현을 빌리자면 "이 세대를 본받는"(롬 12:2) 위험-를 기술했다. 그런 관점에서 보면 "하나님의 사람" 안토니의 생애는 기독교적 정체성과 목적에 대한 근본적인 정의를 가지고서 교회와 그 지체들을 대면했다. 경계에 있는 사람이 중심에 있는 많은 사람들에게 호소한 것이다. 아타나시우스의 예술적 수완으로 말미암아 안토니는 "인간에 대한 이상적인 묘사, 기독교적인 것들의 전형"을 상징하게 되었다.

안토니의 영성훈련; 영성의 형성

수세기 동안 수덕적 전통에 있는 사람들이나 기독교 영성생활의 발달 현상과 양식들에 관심을 가진 사람들은 『안토니의 생애』에 지속적으로 관심을 가져왔다. 아타나시우스는 안토니의 생애를 이야기하면서 3세기에 수도사들과 은자隱者들이 행한 엄격한 훈련askēsis을 구성하는 수행修行들과 가치관들을 설명했다. 후대의 수도원적 수행이 독거하는 형태를 취했든지 세상을 버리고 행하는 공주생활의 형태를 취했든지, 또(시리아 "주상 성인들"의 경우처럼) 그 표현이 모질고 극적이었든지 아니면(4세기 카파도키아 교부들의 경우처럼) 온건하고 학문적이었든지 수도자의 행위와 수행은 경건생활에 대한 교회의 이상의 조건을 확립했다. 수도사들의 엄격한 행위들을 모방할 수는 없어도 그것들에 대해 경탄할 수는 있었다. 또 기독교 공동체에 속한 평범한 사람들은 상상력이 풍부하여 항상 새로운 순교, 양심의 순교를 당하는 이 영웅적인 인물들의 시련과 승리에 대해 참여했다(47장). 수덕적 경건을 정의하는 데 있어서 안토니의 수도 방법의 탁월한 특징들이 필수적인 요소들이 되었으므로 그것들이 많이 고려되었다. 예를 들면 수도사의 훈련에 있어서 일의 중요성(이 경우에는 골풀로 바구니를 짜는 것, 53장), 기도할 때나 귀신을 몰아내는 데 있어서 성경의 역할(9장, 13장, 39-40장), 단순한 복장, 육체적인 욕구들과 쾌락을 무시함(47장) 등이 있었다.

안토니가 행한 훈련의 두 가지 측면이 특히 관심을 끌어 왔다. 『안토니의 생애』에서는 귀신 연구가 『교부들의 금언』*Sayings of the Fathers* 등의 전거에서보다 더 강조된다. 아타나시우스는 수도사 안토니의 삶을 묘사하면서 사막생활이 평온하고 고독할 뿐만 아니라 싸움의 생활이기도 하다고 주장한다. 사막과 같은 황량한 장소에는 평화를 어지럽히는 사탄의 군대가 득실거린다. 초대 시대의 다른 수도원 서적들이 그렇듯이 『안토니의 생애』에서 귀신들에 대한 묘사는 미묘하고 심리학적 암시가 강하다. 이 위협적인 존재들은 각각의 수도사들이 넘어가기 쉬운 유혹들의 모습으로 가장

하여 나타날 수 있다(42장). 그렇기 때문에 덕의 진보에 있어서 자기성찰이 본질적이고도 지속적인 요소이다. "귀신은 인간에게 적대적인 것들 모두를 대변하는 데 그치는 것이 아니다. 귀신들은 인간의 내면에 있는 변칙적이고 불완전한 모든 것의 총계이다." 그러나 아타나시우스가 묘사한 안토니는 사탄과 그의 하수인들을 정복한 자이다. 그리스도께만 충성한 안토니는 원수들의 책략을 무력하게 만들 수 있다. 그렇기 때문에 안토니는 악령들을 몰아내기 위해서 기도와 십자 성호를 사용하는 것에 대해 다른 수도사들을 가르치며, 수실을 찾아온 자가 귀신들인지 천사들인지 분별하는 방법을 상세하게 충고한다(39-42장, 88장). 오늘날 금욕생활을 옹호하는 사람들은 수도사가 현실도피주의자라는 비난에 답하면서 귀신들을 내쫓하는 용사모시의 소명을 강조한다. 수도사가 세상을 버리고 은둔하는 것은 두 가지 의미를 지닌다. 비록 수도사는 일상적인 인간 공동체의 성가신 압박들과 분심 거리들을 벗어나지만, 아타나시우스는 안토니가 도망쳐 들어간 광야에는 더 의미심장한 도전들과 위험들이 도사리고 있었다는 점을 알리려고 노력한다. 안토니는 간혹 도시를 방문하는 동안에 열광하는 군중들에게서 전혀 위로를 발견하지 못하면 주위 사람들에게 자신이 광야에 있는 수실에서 동등한 수의 귀신들과 싸워야 한다고 말했다(70장).

안토니가 세상을 등지고 은둔했다는 내용은 『안토니의 생애』의 두 번째 부분으로 우리를 인도하는데, 그 부분은 지금까지 많은 논의와 논쟁의 주제가 되어 왔다. 이제는 그가 기독교적인 열망 때문에 은둔자anchorite의 삶을 택한 최초의 인물이었다고 주장되지는 않는다. 『안토니의 생애』에는 마을 외곽에서 은자의 생활을 한 거룩한 사람들에 대한 증언이 있다. 젊은 안토니는 이 사람들에게서 처음으로 영성훈련의 기술을 배웠다. 안토니는 수도생활을 기성 공동체들의 주위에서 메마르고 황량한 은거지라는 환경으로 옮겨 감으로써 수도생활의 발달에 기여했다. 아타나시우스는 안토니 이전의 "수도사들은 위대한 사막에 대해 전혀 알지 못했다"고 말한다(3장). 안토니가 수도생활의 선구자였다는 것, 그리고 그것이 기독교적인 경험의 신기원을 이룩했다는 것은 의심의 여지가 없다. 그러나 이 고립된 생활의 본질에 대해서 보다 자세히 살펴볼 필요가 있다. 『안토니의 생애』를 읽어 보면 안토니는 홍해 근처의 깊은 산 속으로 피해 들어간 후에도 사회와 단절되지 않았고 사람들 및 그들의 일상사에 깊이 개입했다는 강력한 인상을 받는다. 사람들은 안토니에게서 무엇인가를 얻으려고 끊임없이 안토니를 찾아왔다. 안토니를 만나기 위해 거쳐야 할 절차가 있었다는 암시들이 있으며, 종종 통역자들이 등장하는 것을 볼 수 있다(58번, 84번, 72번). 안토니가 사람들이 거주하는 장소를 멀리했다고 말하지만, 그는 외부와의 연락을 완전히 끊은 것이 아니며 오히려 더 쉽게 접근할 수 있었던 것처럼 보인다. 순례자들이나 병 고침을 원하는 사람들이나 기적을 원하는 사람들이 거룩한 안토니를 찾아왔다. 안토니의 고립생활은 사회적인 것이 아니라 지리적인 것이었다. 왜냐하면 4세기에 안토니는 자신이 등졌던 문화의 경제적/정치적 평형 상태를 유지하는 데 있어서 중요한 인물로 부상하고 있었기 때문이다. 그는 사심 없음과 독립성과 입증된 능력 때문에 중재자요 조정자로서(84장) 활동했다.

은자로서의 안토니의 삶에 대한 이러한 평가로부터 끌어낼 수 있는 많은 결론들 중 하나는 그의 "영성"도 사회에서 그에게 수여한 역할과 마찬가지로 지나치게 편협하게 정의되었다는 점이다. 『안토니의 생애』에 기록된 안토니의 행동들의 범주는 그의 영성생활의 구성요소들로 간주되어야 한다고 주장할 수 있다. 왜냐하면 거기에 기록된 에피소드들이 모두 그의 성화의 진보의 일부로 제시되기 때문이다. 어쨌든 아타나시우스는 안토니가 기도하면서 귀신들과 싸운 것이 그리스 철학자들과 논쟁한 것이나 분파주의자들과 이단자들을 탄핵한 것, 또는 긴장에 시달리는 시골에서 카리스마적으로 고충을 처리해 주기 위해 노력한 것 등보다 더 영적이라거나 거룩한 결과를 지닌다고 주장하지 않는다.

안토니의 영성에 대한 평가에 한 가지를 더 추가해야 한다. 『안토니의 생애』에서는 그가 그리스의 현인들과 논쟁하여 말문을 막은 것, 그리고 설득력 있게 신학적으로 진술한 그의 단순한 지식이 거듭 강조된다. 안토니는 삼단논법을 사용하지 않았고 고전적인 교육을 받지도 못했지만, 기독교의 근본 요소들에 대한 이해와 건실한 추론은 그의 영속적이고 거룩한 지혜를 드러내 준다. 안토니에게 지식이 부족했다는 것을 강조한 것은 그의 정신이 건전하다는 가정과 연관이 있다. 즉 안토니의 영성훈련은 영혼을 본래의 자연적 상태로 회복시키는 데 기여했다. 연설이나 논쟁 능력보다는 분명한 믿음과 추론이 이 과정에 도움이 된다. 안토니에게 지적인 교양과 문화가 부족했다는 언급은 또 다른 메시지를 전해 준다. 안토니는 기독교적 성취 방식과 사회적 계보에 기초를 두고서 공식적인 후원이나 특별 교육을 받지 못한 사람도 엘리트 계층에 합류할 수 있는 기회를 소유한다는 것을 알려준다. 본래 수도회에 속한 사람들보다는 평신도들의 관심을 끈 운동인 금욕주의는 그 이전의 순교가 그랬듯이 자신이 속한 공동체 내에서 신분 상승의 기회를 누리지 못했던 많은 사람들에게 기독교적 소명을 느끼고 유명한 사람이 될 수 있는 기회를 열어주었다. 역설적으로, 사회로부터의 분리를 대표한 인물이 어떤 사람들에게 있어서는 사회적 승진의 상징이 되었다. 가난하지는 않지만 비천한 혈통 출신인 안토니가 감독들의 협력자요 황제들의 고문이라는 지위로 올라가지 않았는가? 기독교의 이 새로운 형태의 제자도에 이끌린 대부분의 사람들은 명성의 증진보다 더 영속적인 목표를 추구했다고 가정할 수 있겠지만, 보상이라는 개념이 금욕주의의 이상과 전혀 관계가 없는 것은 아니었다. 『안토니의 생애』에는 안토니가 자신의 것이 아닌 능력을 발휘했으며 기도의 응답을 받지 못했을 때에도 괴로워하지 않았다는 내용들이 있지만, 이 전기는 연단된 수도생활의 효과에 대한 관심이 크고 강력했음을 나타내 준다. 안토니가 귀신들을 지배한 것과 병자들을 치료한 것과 환상을 본 것 등은 그의 열심과 엄격함의 결과로 제시된다. 어떤 의미에서 고행 수도자들의 영적 수고는 그들 자신의 보상일 수도 있었겠지만 그들이 기대한 유일한 보상은 아니었다.

안토니와 아리우스 논쟁

역사적인 근거가 있는지 없는지 알 수 없으나 안토니가 아리우스파를 공공연하게 대적했다는 묘사는 니케아 교리를 열정적으로 옹호한 아타나시우스의 영향이 크다고 인정되어 왔다. 『안토니의 생애』에서 안토니는 알렉산드리아 감독의 말을 사용하여 이단자들을 저주한다. 『교부들의 금언집』과 같은 문서들 안에서 안토니의 것으로 간주되는 가르침들이 아타나시우스나 아리우스와 같은 논쟁적인 신학자들을 사로잡았던 문제에 안토니가 관심을 가졌다는 증거를 제공하지 않는다는 사실에 비추어 본다면, 안토니가 논쟁에 어느 정도 개입했는지 정의하기 어렵다.

아타나시우스가 유명한 안토니를 그 논쟁에서 정설을 지지한 사람들과 연결하려는 갈망이 『안토니의 생애』를 저술한 목적에서 얼마나 중요한 위치를 차지하고 있는지 살펴볼 필요가 있다. 아타나시우스의 서신을 통해 알 수 있듯이 350년대 말에 아리우스의 추종자들은 이집트 수도사들의 지원을 받으려 노력했는데, 『안토니의 생애』에는 안토니가 아리우스파의 교리에 동조했다는 아리우스파의 주장이 실려 있다. 아타나시우스는 정통적인 신앙의 모본으로서의 안토니의 특성을 강조하고 상세히 설명하려고 노력했는가?

『안토니의 생애』에서 안토니는 세 번 분명하게 아리우스파와 그들의 위험한 가르침을 정죄한다(68-70장, 89장, 91장). 그러나 그 전기에서 그곳에서만 아리우스파를 반대하는 목적들이 드러나는 것은 아니다. 아리우스파와의 싸움에서 중심이 된 문제들이 아타나시우스가 안토니의 다양한 업적들을 묘사한 방식을 결정한 듯하다. 안토니의 행실 및 그의 거룩함이 날마다 진보한 것은 완전한 신이시며 하나님과 공동 본질이신 아들 그리스도가 주신 은혜와 능력에서 비롯되었다는 것을 나타내야 했다. 아타나시우스는 니케아 공의회의 결정대로 인간의 구원과 성화가 완전히 하나님의 아들의 능력에 의존한다고 주장했다. 아들의 능력 및 인간을 구원하는 능력의 보증은 그분이 아버지와 함께 소유하신 본질ousia이었다. 정통의 구원론에 의하면, 하나님의 자연 발생적인 아들은 하나님의 양자들이 될 사람들에게 구원의 도움을 펴셨다.

아리우스와 그의 협력자들은 구세주와 인간 구원의 수단에 대해 다음과 같이 전혀 다른 견해를 지니고 있었다: 즉 피조물인 그리스도가(하나님이 예지하신 일들을) 행했기 때문에 택함을 받고 "아들"Son이라 일컬음을 받았듯이, 기독교 신자들도 그리스도의 시종일관된 순종을 따른다면 하나님의 아들과 딸의 지위를 획득할 수 있을 것이다. 아타나시우스는 아리우스파의 이러한 가르침을 충분히 알고 있었기 때문에 안토니의 영성훈련과 덕의 진보가 구원에 대한 정통적인 이해에 따른 것임을 증명하려고 애썼다. 안토니가 귀신들을 대적하여 승리한 것이나 기적적으로 병을 고쳐준 것 등이 안토니 자신의 업적이 아니라 그리스도가 행하신 일이었다고 지속적으로 상기시킨 배후에는 이러한 염려가 놓여 있었다(5장, 7장, 48장, 58장). 마찬가지로 하늘에서 빛이 내려와 무덤 속에 들어가 있던 안토니를 귀신들의 공격에서 구해 주었다는 설명에서는 아타나시우스가 지지한 니케아 공의회의 기독론-피조물에 대한 도움과 구원의 근원은 오로지 아들의 신적인 광휘뿐이다-의 흔적을 볼 수 있다. 아타나시우스는 안토니와 그의 업적들을 공들여 묘사했다. 아타나시우스는 거룩한 안토니의 덕과 능력이 그리스도로부터 부여받은 것이라 주장함으로써 아리우스파의 견해와 일치하는 금욕 고행-그리스도와 그의 동료 피조물들이 공통적으로 행하는 덕의 추구로서 도덕적 진보, 꾸준히 선을 선택함으로 자녀의 지위와 성화를 획득하게 되는 상태-으로부터 안토니를 보호한다.

아타나시우스가 묘사한 사막의 성인 안토니는 아타나시우스의 교리적 헌신의 도구가 되었다. 『안토니의 생애』의 주된 목적들 중 하나는 안토니를 강력한 정통주의의 색조로 묘사함으로써 고행 수도자들의 지지를 획득하려 한 아리우스파의 노력을 저지하는 데 있었다.

아리우스파의 전통

안토니에 대한 다른 전승들(예를 들면 팔라디우스의 *Lausiac History*나 은둔 수행자 폴에 대한 제롬의 기술)이 『안토니의 생애』의 효과를 보완해 주었지만, 안토니를 이상적으로 묘사한 아타나시우스의 『안토니의 생애』는 안토니가 폭넓은 인기와 지속적인 영향력을 누리는 주된 원인이 되었다. 『안토니의 생애』는 기독교 수도원 운동이 형성된 초기 수십 년 동안에만 영향을 미친 것이 아니다. 안토니가 받은 시험과 그가 행한 기적들은 교회와 서구 문화의 의식 안에서 하나님의 요구와 약속에 헌신하는 삶을 나타내는 뚜렷한 이미지로 자리 잡았다. 역사적으로 안토니의 영향을 받은 개인들이나 기관들의 삶의 변화가 모두 기록되어 있지는 않다. 우리에게 알려져 있지 않은 많은 사람들이 안토니의 견인 속에서 자신의 확신의 얕음을 정죄하는 추를 보았고, 보다 엄중한 기독교적 충성으로의 부름에 응답했다. 여기에서는 안토니에 관한 풍부하고 방대한 전승들에 대해 몇 가지 평가를 언급한다.

『안토니의 생애』가 저술되고 나서 오십 년 후에 몇몇 저술가들은 아타나시우스의 저술을 호의적으로 언급했다. 나지안주스의 그레고리Gregory of Nazianzus는 그것을 이야기체로 묘사된 수도생활의 규칙서라고 평했고, 팔라디우스Palladius는 안토니에 대해서 언급하면서 아타나시우스의 글을 의존했다고 지적했다. 『파코미우스의 생애』Life of Pachomius를 저술한 익명의 저자는 파코미우스와 안토니 사이의 협력 관계를 묘사하면서 『안토니의 생애』에서 아타나시우스가 정보에 근거한 수도원적 전거들을 인용하고 정확하게 저술했다고 언급한다. 우리는 제롬Jerome, 347-420의 논평에서 『안토니의 생애』가 널리 보급되기를 바라는 열망의 증거를 발견할 수 있다. 제롬은 자신이 안디옥 에바그리우스의 라틴어 번역본뿐만 아니라(아타나시우스의 것으로 간주되는) 헬라어 본문도 잘 알고 있다고 말한다. 에바그리우스의 번역본보다 조야하고 덜 설명적인 또 다른 라틴어 번역본은 4세기 말에 『안토니의 생애』의 라틴어 번역본이 적어도 두 권 존재하고 있었음을 지적한다.

힙포의 어거스틴Augustine of Hippo, 354-430은 『고백록』에서 자신과 친구들이 알고 있던 『안토니의 생애』의 라틴어 본문이 어떤 것인지 지적하지는 않지만 그것이 매우 흥미로운 책이라고 말한다. 그것은 후기 로마 사회에서 안토니의 전기가 특정인들–개인적으로나 직업적으로 변화와 방향 전환을 할 수 있을 만큼 성숙한 사람들–에게 미친 영향에 대해 생생하게 기록한다. 폰티키아누스Ponticianus는 자기의 친구 어거스틴을 방문했을 때 트레베Treves에 살고 있는 지인 한 사람의 경험을 말해 준다. 그 청년은 함께 산책

하던 어느 기독교인이 준 『안토니의 생애』를 읽고서 크게 부끄러움을 느끼고 또 거룩함을 크게 사랑하게 되었기 때문에 즉시 황제의 특사라는 직위를 버리고 결혼 계획도 취소하고 금욕적 수도생활을 택했다. 폰티키아누스의 말에 의하면, 그의 정신은 세상에서 벗어났고 그의 마음은 천국을 응시했다. 폰티키아누스의 이야기는 어거스틴의 마음을 뒤흔들어 놓았다. 어거스틴은 안토니가 마을 교회에서 복음서를 봉독하는 것을 자기 자신에게 하는 말로 받아들였다는 것을 기억하고서 밀라노에 있는 자기 집 정원에서 어린아이의 음성을 듣고 결국 자신을 만족시켜 줄 수 있는 유일한 형태의 기독교-금욕고행주의-를 받아들였다.

안토니에게서 구체화된 보다 엄격한 은둔자의 이상은 기독교화된 세계 진역에 뿌리를 내린 깃민큼 수도원 운동을 지배히지는 못했다. 가이사랴의 감독 바실330-379은 안토니와 동시대에 활동했던 이집트인 파코미우스Pachomius, 286-346가 주도한 공주수도생활을 승인했다. 비잔티움과 서유럽에서는 수도원 밑에 있는 수도사들과 수도원들의 조직이 교회의 장래에 결정적인 역할을 하게 되었다. 가장 현저한 예는 529년에 베네딕트가 카시노 산에 세운 공동체이다. 파코미우스의 수도원 구조가 성공했다고 해서 안토니의 인기가 감소되지는 않았다. 안토니는 독수도 생활을 요약했다.

안토니가 지지한 것들의 대부분은 공동생활과 결합할 수 있었을 뿐만 아니라 4-5세기에 『안토니의 생애』는 독자들에게 은둔자로서의 안토니라는 인상을 그다지 분명하게 주지 않은 듯하다. 왜냐하면 그 저술에는 안토니가 자신을 아버지처럼 여기는 수도사들과 함께 회의했다는 언급들이 많기 때문이다. 또 수도 공동체들이 융성했다고 해서 개인적인 금욕 고행의 대가라는 특별한 인물들이 감소되지는 않았다. 존 카시안이나 투르의 마르땡Martin of Tours이라는 이름과 연결된 기관들이나 수도원 운동이 서방으로 전파된 이야기의 배경에는 홀로 하나님을 찾으면서도 일반대중을 매료시킨 많은 은둔 수도사들이 있었다.(베네딕트기 동굴에서 행한 엄격한 과정은 그의 첫 제자들을 배출했다.) 또 안토니의 엄격함과 자기박탈이 6세기에 켈트 사회에서 유행한 고행생활 방식을 위협했을 수도 없다.

중세와 비잔틴 교회에 전해진바 이집트의 사막 교부들을 둘러싼 전승에서도 안토니의 이름은 빛을 발휘한다. 안토니는 개인적인 온전함을 추구한 인물이요, "피 없는 순교"에 복종한 사람들에게 주어지는 능력의 본보기였다. 안토니의 이상은 사람들을 기독교로 개종하게 한 거룩한 삶에 대한 담대한 정의의 중심이었다. 동시에 세상과 교회의 위험하고도 불분명한 관계를 교회의 직분자들이나 평신도들에게 상기시켜 주는 역할을 했다.

아타나시우스가 저술한 대작의 주제인 안토니의 생애에 대한 영향력은 지속되었다. 도미니크회의 수도사 레크레르끄는 그 이유를 다음과 같이 설명한다:

참으로 그는 모든 수도사들의 아버지로 남아 있었다. 또 중세에 서방의 모든 지역에서 사람들은 스스로를 안토니의 아들이라고 여겼다. 도처에서 사람들은 자신이 안토니의 도움을 받았다고 주장했다. 수도원 운동이 부흥할 때마다 사람들은 고대 이집트를 상기했고; 이집트를 되살리고 새로운 이집트를 시작해야 한다고 말하면서 성 안토니 및 그의 본보기와 저술들을 의지했다. … 성 안토니는 모든 사람들의 이상을 대변했으며, 그 이상을 상이한 방식으로 실현하는 잠재력이 되는 근본적인 특징을 소유하고 있었다. 중세의 수도사들에게 있어서 성 안토니의 전기는 단순히 역사적인 서적, 과거에 대한 정보를 얻을 수 있는 전거가 아니라 살아 있는 본문, 즉 수도생활의 형성을 위한 수단이었다.[1]

---

1) J.Leclercq, *The Love of Learning and the Desire for God*, trans. C. Misrahi, 2nd rev. ed. (New York, 1974), p. 25.

안토니 전승의 생명력에 대해 마지막으로 언급해야 할 부분은 안토니가 수세기에 걸쳐 미술계에서 누렸던 인기이다. 안토니의 성화를 연구한 바에 의하면, 4세기부터 12세기까지 다양한 성화들이 널리 퍼졌다. 안토니의 모습은 질그릇, 돌 십자가, 프레스코화, 교회의 조각된 문과 기둥들, 모자이크 등에 표현되었다. 14세기에만 이백 개 이상의 회화와 프레스코화가 있었다는 것은 그의 인기를 드러내 준다. 안토니가 은둔 수도자 폴의 암자를 방문했다는 전설을 비롯하여 마귀들과 싸운 것 등은 화가들이 즐겨 표현한 주제였다. 일반적으로 안토니는 사나운 짐승들이나 유혹하는 여인을 대면히고 있는 모습으로 표현된다. 이러한 작품들 중에 가장 잘 알려진 것은 보쉬Bosch, 휴이즈Huys, 틴토레토Tintoretto, 그뤼네발트Grünewald 등이 그린 유혹의 장면들인데, 모두 16세기의 것들이다. 1945년에 막스 에른스트는 이 주제를 매우 효과적으로 표현했다.

아타나시우스의 주요 저술들

아타나시우스는 295년경에 태어났으며 삶의 대부분을 관리, 사상가, 목회자로 보냈다. 그는 319년에 부제로 임명되고 알렉산더 감독의 보좌역이 되었으며, 그 때부터 373년에 사망할 때까지 알렉산드리아와 제국 전역에서 교회 일에 개입했다. 아타나시우스의 저술의 범위와 분량은 기독교 신앙에 대한 자신의 이해의 중심이 되는 명제들을 예리하게 표현한 그의 재능과 에너지를 입증해 준다. 아타나시우스에게는 기독교를 옹호하는 사람들이 다른 기독교인들과 언쟁할 때든지, 이교도 신학자들이나 비평가들을 대할 때든지 공격과 방어 기술을 소유해야만 했던 시대에 필요한 기질과 정신이 있었다.

아타나시우스의 변증적 저술들 중에서 가장 영향력이 큰 것은 『이교도들을 대적하여』Against the Pagans와 『말씀의 성육신에 대하여』On the Incarnation of the Word이다. 이 전통적이고 분명히 아타나시우스적인 논증서들은 기독교가 이교도 신앙보다 우월하다는 주장을 뒷받침하기 위해 저술되었다. 다른 종류의 변증서들 중에는 아리우스 논쟁 기간인 350년대에 저술된 것으로서 아타나시우스의 행동을 변호하는 다음과 같은 세 가지 글이 포함되어 있다: 『아리우스주의 반박론』Apology Against the Arians, 『콘스탄스 황제에게 보내는 변명』Apology to the Emperor Constance, 『도피에 대한 변명』 Apology for his Flight. 현재 『아리우스파의 역사』History of the Arians라는 긴 편지도 이 부류의 저술에 속한다.

아타나시우스의 교리적 저술은 대부분 아리우스256-336와 그 추종자들의 사상을 대적하는 것들이었다. 그중 주요한 것으로 『아리우스를 반박한 세 편의 연설』 Orations against the Arians, (네 번째 것은 그의 것인지 확실하지 않다), 『니케아 공의회 변호』 Defense of the Nicene Council, 『아리미눔 공의회와 셀류키아 공의회에 관하여』 On the Councils of Ariminum and Seleucia, 그리고 『이집트와 리비아의 감독들에게 보낸 회람 편지』 Encyclical Epistle to the Bishops of Egypt and Libya와 『아프리카의 감독들에게 보낸 편지』 Epistle to the African Bishops를 포함하는 다수의 편지가 있다. 아타나시우스의 『성령에 관한 서신집』 Letters concerning the Holy Spirit에서는 삼위일체 중 제삼위의 신성이라는 문제(아리우스파 논생의 후기 단계에 등장한 문제)를 다루며, 『안디옥 사람들에게 보낸 공의회 서신』 Synodal Letter to the Antiochenes은 362년의 논쟁 상태를 반영한다. 『에픽테투스에게 보낸 편지』 Letter to Epictetus와 『아델피우스에게 보낸 편지』 Letter to Adelpius는 451년에 개최된 칼케돈 공의회 이후에도 기독교인들 사이에서 논란이 된 그리스도의 본성에 대한 새로운 질문들의 출현을 예고하고 있다.

『안토니의 생애』는 금욕 고행 논문 또는 성인전으로 분류되며, 일반적으로 아타나시우스의 저술들 중에서 가장 영향력이 있는 것으로 인정된다.

아타나시우스의 성경 주석들은 시편, 전도서, 아가서, 창세기 등에 관한 아타나시우스의 저술들의 흔적을 보존하고 있는 단편으로만 알려져 있다. 『마르셀리누스에게 보낸 편지』 Letter to Marcellinus는 성경과 그 해석만 다루는 것으로서 완전하게 보존되어 있는 아타나시우스의 유일한 저술이다.

알렉산드리아의 감독이 부활절 날짜를 공고하고, 교회에 영향을 주고 있는 사건들을 교인들에게 알려주며, 계절마다 적절한 의식을 권장하기 위해서 교회들에게 보낸 『축일 서신』 Festal Letters은 아타나시우스의 서신들 중 귀중한 부분이다. 이 서신들 중에서 329년부터 348년 사이에 기록된 13편의 서신은 고대 시리아어 번역본으로 현존하고 있으며, 아타나시우스의 감독과 목회자로서의 품격에 대한 정보를 희미하게나마 제공한다.

『마르셀리누스에게 보낸 편지』

목회서신

적어도 한 가지 관점에서 『마르셀리누스에게 보낸 편지』는 유명한 『안토니의 생애』와 나란히 수록되기에 적절하지 않다. 『마르셀리누스에게 보낸 편지』는 현대의 학문적 논쟁에 불을 지피지 않았고, 또 이 서신이 출판되었을 때에 특별한 인기를 누렸다는 증거도 없다. 이 서신도 『안토니의 생애』처럼 특별한 상황을 위해 쓴 편지의 형식을 취한다. 즉 정보와 교화를 요청한 데 대한 답신으로 저술되었다. 아타나시우스는 자신의 편지들을 수신인들만 보거나 듣기를 기대하지 않았지만, 이 서신에는 보다 광범위한 독자들을 의식하고 있었음이 그리 명백하지 않다. 따라서 이 편지는 『안토니의 생애』만큼 극적이지 않고 상투적이다. 이 서신의 주제는 일반적인 관심과 유용성이라는 문제이지만, 목회에 관한 의사 소통을 지향한 듯하다.

  병중의 마르셀리누스(알렉산드리아 교회의 부제?)는 바삐 성경을 연구하면서 "각각의 시편에 담긴 의미"를 배우려는 목표를 세웠다(1장). 아타나시우스의 답장의 의도와 내용으로 볼 때, 그는 친구 마르셀리누스의 계획이 터무니없는 것이라고 여기지 않았다. 혹시 그러한 일은 성직자들과 금욕 수도자들이 행할 수 있는 일이었을 것이라고 가정할 수도 있다. 왜냐하면 그들에게는 날마다 집중하여 성경을 묵상할 기회가 더 많이 주어졌기 때문이다. 그러나 이러한 목적을 지니고 편지를 주고받는 일이 백지 상태에서 시작될 수는 없었을 것이다. 교회 지도자들의 수행이나 영적 욕구들이 평신도들의 그것들과 완전히 분리될 수는 없었을 것이다. 서신들을 쓰게 만든 주제는 우리로 하여금 초대교회 시대 동안 시편이 사람들에게 얼마나 중요했는지에 주목하게 한다. 마르셀리누스와 아타나시우스는 신약성경의 저술들 안에서 시작된 일-즉 기독교 신앙과 자기이해를 분명히 표현할 때에 시편을 사용한 것-을 계속한다.

4세기에 기독교 사상가들은 시편 본문에 대해 질문을 제기하는 몇 가지 독특한 방법을 고안해 냈다. 시편 본문의 의미는 여러 단계로 분별하고 구분할 수 있었다. 또 알렉산드리아는 성경에 대한 학문적인 접근방법으로 유명했는데, 이 방법은 수용적인 학생을 단순한 해석에서 보다 신적인 해석으로 이끌어 준다고 약속했다. 또 하나의 성경 본문(예를 들면 시편의 일부)을 조사한 뒤에 교리적인 논쟁에서 무기로 사용할 수 있었다. 그렇기 때문에 아타나시우스는 아리우스파를 대적하면서 "주의 빛 안에서 우리가 빛을 보리이다"시 36:9라는 구절이 하나님의 아들의 영원성을 나타낸다고 주장했다.

아타나시우스는 『마르셀리누스에게 보낸 편지』에서 시편에 있는 특정 구절들의 풍유적인 가능성 및 교리적 함의들을 언급하지만 그것이 그의 주된 관심사는 아니다. 아타나시우스는 친구 마르셀리누스가 시편에서 어떤 종류의 "의미"를 찾으려 하는지 알고 있었다. 마르셀리누스는 성경 석의학자나 논객으로서 자신의 재능을 과시하려 한 것이 아니라 시편과 성경 나머지 책들과의 관계 및 기독교인의 삶에서 특정 시편을 언제 어떻게 사용해야 하는지에 관심을 가지고 있었다. 따라서 아타나시우스는 성경 주석가로서 답장을 쓴 것이 아니다. 그는 편지에서 어원에 대한 장황하게 논하지 않았고, 시편 저자의 의도를 분석하기 위해서 하나의 시편을 체계적으로 연구하려 하지도 않았다. 즉 학문적인 주석가의 기술적이고 해석적인 질문들은 효력을 발생하지 못했다. 또 아타나시우스가 아리우스파를 반박하는 논문들에서 즐겨 행하는 방식인 바 증명된 본문들의 나열도 찾아볼 수 없다. 이 글에서 아타나시우스는 목회자요 영적/도덕적 조언자로서 편지를 쓴다. 이 편지의 목적은 충고와 교훈이다. 접근방법과 논조에 있어 이 편지는 아타나시우스의 축일 서신과 흡사한데, 축일 서신에서는 경고하거나 징계하거나 격려하기 위해서 성경 본문들이 인용된다.

편지의 구성

아타나시우스가 마르셀리누스에게 보낸 편지는 기발한 문학적 의도를 지닌다. 아타나시우스는 마치 자신의 말에 권위와 신비를 더하려는 듯이 "어느 유식한 노인"의 독백으로 논의를 제기한다. 이 "시편의 대가"는 시편을 하나의 동산으로 비유하면서 자신의 논평 계획을 드러낸다: 시편에는 다른 성경책들에서 발견되는 것들이 담겨 있지만, 시편 나름의 아름다운 것들을 노래의 형식으로 소유한다. 3-8장에서는 율법과 선지서에서 발견되는 주제들-창조, 출애굽 등-이 시편에서 재현된 것을 증명한다. 선지서와 그에 대응하는 예언적 시편들은 초기와 후기 기독교의 관습에 따라 다루어진다. 그것들은 신탁-그리스도의 탄생, 사역, 수난, 승천, 그리고 장차 심판자로서 오실 것 등의 예고-의 역할을 한다.

제2부(10-13장)에는 시편의 독특함을 주장하는 흥미로운 주장이 담겨 있다. 늙은 아타나시우스의 주장에 의하면, 시편은 다른 성경책들과 구분해 주는 특징은 직접적이며 낭송하는 사람 자신의 말로 표현될 수 있다는 점이다. 시편 구절들은 낭송하는 사람에게 거울처럼 되므로 자기 자신과 영혼의 감정들을 감지할 수 있다(12장). 시편은 인간의 성향과 조화를 이루며 영혼을 지도할 능력을 소유한다는 점에서 그리스도의 성육신이나 모범적인 삶과 흡사하다고 주장된다.

서신의 주요 부분(14-26장)에서는 시편의 분류를 다룬다. 여기에서 아타나시우스는 각각의 시편의 의미를 알고자 하는 마르셀리누스의 소원을 언급한다. 시편들은 인간이 처한 상황들과 위기들을 위해 처방된다. 그 처방들은 특별한 상황이나 곤경에 처한 사람들의 욕구뿐만 아니라 그들에게 필요한 하나님의 행동과 반응에 기초를 둔다. 그러므로 하나님이 이스라엘의 조상들을 위해 행하신 자비로운 행동들과 구세주의 고난을 통해 우리에게 주어진 유익들을 기억하기 위해서 특별한 시편을 사용하는 것에 관심을 기울인다(26장). 시편 한 행 한 행의 의미를 설명하려 하지 않으며, 또 시편들을 그 특유의 문맥 속에서 이해하려 하지도 않는다. 아타나시우스는 마르셀리누스가 찾고 있는 의미-예를 들면 각각의 시편의 효력, 각각의 시편이 기독교 신자에게 제공하는 독특한 능력-를 암시하는 데 전념한다.

결론 부분에서는 내용이 분명히 변화된다(27-33장). 그 부분에서는 시편에 대해 알려져 있는 오해와 남용을 바로 잡는다. 아타나시우스는 예배 때의 음악과 찬송이 귀를 즐겁게 하기 위한 것이라는 견해의 결점을 설명하며(27장), 시편에 세속적인 사람들의 설득력 있는 구절들을 덧붙이는 것을 경고한다(31장). 옛 성도들의 말과 표현에 친숙하지 못하다면 어떻게 그들이 우리의 기도에 합류할 수 있겠는가?

편지에 나타나는 성령과 영성

『마르셀리누스에게 보낸 편지』는 처음부터 끝까지 시편에 존재하는 능력과 시편을 낭송하는 사람들에게 저절로 생기는 유익을 당연한 것으로 여긴다. 시편이 다른 거룩한 저술들보다 더 거룩하다고 말할 수는 없지만, 아타나시우스는 하나님이 시편의 말로 드린 간구를 존중하신다고 주장한다. 또 성령이 시편을 통해 가정들을 자극하거나 완화시키며, 영혼들의 삶의 행로를 위한 완벽한 이미지를 제공한다고 주장한다.

현대인들은 『마르셀리누스에게 보낸 편지』를 통해서 4세기에 지중해 동편에서 활동한 신자들의 신앙심을 감지할 수 있다. 공적인 기도나 개인적인 기도 안의 개인적이고 직접적인 요소들뿐만 아니라 공식적이고 형식적인 요소들을 감지할 수 있다. 이 편지는 도처에서 기독교인들의 경험에서 시편을 낭송하는 것이 지니는 핵심적이고 지탱이 되는 힘에 대한 아타나시우스의 신념을 증언한다.

성 안토니의 생애

1. 안토니는 이집트 사람이었고 부모는 가문이 좋고 성공한 사람들이었다. 그들은 기독교 신자였기 때문에 안토니도 기독교 방식으로 양육했다. 어린 안토니는 부모님과 집 외에 다른 것은 거의 의식하지 않고 살았다. 소년 시절, 안토니는 다른 어린이들과 사귀려 하지 않았고 읽기와 쓰기를 배우려 하지 않았다. 야곱에 대해 기록된 깃처럼 창 25:27, 그는 오로지 집에서 꾸밈없고 소박하게 살기를 원했다. 물론 그는 부모님과 함께 교회에 갔다. 어린 시절 안토니는 경솔하지 않았고, 청년 시절에도 사람들을 멸시하지 않았다. 그는 어머니와 아버지께 순종했고, 독서에 열중하며 책에 기록된 유익한 것들을 마음에 새겼다. 그는 어려서 비교적 유복하게 살았지만 사치한 음식을 조르지 않고 식도락을 추구하지 않았으며, 주어진 음식에 만족하고 다른 것을 구하지 않았다.

2. 부모가 사망한 후에 안토니는 아주 어린 여동생과 단둘이 남

았다. 안토니는 열 여덟 살 또는 스무 살 때에 가정과 여동생을 책임지게 되었다. 부모님이 돌아가시고 나서 여섯 달쯤 뒤에, 안토니는 늘 하던 대로 교회를 향해 걸어가면서 사도들이 모든 것을 버리고 주님을 따른 것, 그리고 사도행전에서 어떤 사람들이 가진 것을 모두 팔아 사도들에게 가져와서 가난한 사람들에게 나누어 준 것, 또 그러한 사람들을 위해 천국에 어떤 소망이 예비되어 있는지 등을 깊이 생각했다마 4:20; 행 4:35; 마 19:21. 이런 것들을 생각하면서 교회로 들어갔을 때에 마침 복음서를 낭독하고 있었다. 안토니는 부자 청년에게 "네가 온전하고자 할진대 가서 네 소유를 팔이 가난한 자들을 주리 그리하면 하늘에서 보화기 네게 있으리라"마 19:21고 하신 주님의 말씀을 들었다. 마치 하나님의 계획에 의해서 그가 성인들을 생각하게 되었고 그 말씀이 그를 위해서 봉독된 듯했다. 그 말씀을 들은 안토니는 즉시 교회에서 나와서 재산 때문에 자신과 여동생의 마음이 어지럽게 되는 일이 없게 하려고 부모님이 남겨준 땅(비옥하고 아주 아름다운 207에이커 정도의 경작지)을 마을 사람들에게 나누어 주었다. 그밖에 모든 동산을 처분하여 여동생을 위해 조금을 남겨두고 나머지는 모두 가난한 사람들에게 주었다.

3. 그는 또다시 교회에서 "내일 일을 위해 염려하지 말라"는 주

님의 말씀을 듣고서 즉시 교회를 나가서 남은 재산까지 궁핍한 사람들에게 주었다. 그는 여동생을 신망이 높은 수녀들에게 데려가 수녀원에서 길러 달라고 맡긴 후, 자신을 주의 깊게 살피고 참을성 있게 단련하면서 집안일보다는 수도생활에 전념했다. 당시 이 집트에는 아직 수도원이 많지 않았고, 수도사들은 사막에 대해서 전혀 알지 못한 채 마을에서 그리 멀지 않은 곳에 홀로 살면서 자신을 훈련하는 생활에 집중하기를 원했었다. 안토니가 사는 마을에서 그리 멀지 않은 곳에 젊어서부터 홀로 은둔생활을 해온 노인이 있었다. 안토니는 그 노인의 덕을 모방했다. 안토니는 처음에 그 노인이 사는 마을 근처에서 지내기 시작했는데, 어느 곳에 열심히 덕을 수련하는 사람이 있다는 말을 들으면 마치 지혜로운 벌처럼 그 사람을 찾아갔다. 그는 그 사람을 만난 후 마치 그에게서 덕의 길을 여행하는 데 필요한 것들을 받은 듯이 자기의 처소로 돌아갔다. 그는 그곳에서 훈련의 초기 단계를 실천하면서 어떻게 해야 부모님이나 친척들에 대한 생각을 하지 않을지 깊이 생각했다. 그가 가진 것은 온통 수련생활에 관련된 에너지와 열망뿐이었다. 그는 게으른 사람은 먹지도 말라는 말씀 cf. 살후 3:10 을 들었기 때문에 손노동을 했다. 그는 자신이 만든 것의 일부는 빵을 사는 데 사용하고, 일부는 궁핍한 사람들을 위해 사용했다. 그는 은밀하게 쉬지 않고 기도해야 한다고 배웠기 때문에 항상 기도했다.cf. 마 6:7; 살전 5:17. 그는 봉독되는 말씀에 주목하여 성경을 한 구절도 빠짐없이 받아들였다. 그는 모든 말씀을 이해하고, 성경의 모든 책들을 기억했다.

4. 안토니는 이런 식으로 생활하면서 모든 사람들의 사랑을 받았다. 그는 열심 있는 사람들을 방문하고 그들에게 순종했고, 각 사람이 영위하는 수덕생활과 열정이 자신에게 주는 유익을 신중하게 고려했다. 그는 어떤 사람에게서는 자비로움을 보았고, 또 어떤 사람에게서는 기도의 열심을 보았다. 어떤 사람에게서는 노염으로부터의 자유와 이웃에 대한 인간적인 관심을 보았다. 그는 깨어 경계하며 살아가는 사람이나 학문을 추구하는 사람에게 관심을 기울였고, 인내하는 사람이나 맨땅에서 자며 금식하는 사람에게 감복했다. 관대한 사람이나 오래 참고 인내하는 사람에게도 주목했다. 또한 그리스도를 향한 신앙심에 주목했고, 그들 모두의 호혜적인 사랑에도 관심을 기울였다. 그리하여 충만해져서 자기의 수도처로 돌아온 그는 각 사람의 특성들을 종합하고 그중에서 가장 좋은 것을 내면에 나타내려고 노력했다. 그는 자기 연배의 사람들과 경쟁하지 않았지만, 도덕적인 면에서는 누구에게도 지려 하지 않았다. 이렇게 행동하는 목적은 사람들의 마음을 아프게

하려는 것이 아니라 그들 모두가 그로 인해 즐거워하게 하려는 데 있었다. 따라서 마을 사람들 중 그와 교제하는 선한 사람들은 이렇게 생활하는 그를 "하나님의 사랑받는 자"라고 불렀고, 어떤 사람은 그를 "아들"이라고 부르고 어떤 사람은 "형제"라고 불렀다.

5. 선을 시기하고 멸시하는 마귀는 젊은 안토니가 과거에 바삐 행했던 일들을 행하지 않고 내면에 그러한 목적을 품는 것을 참고 견딜 수 없었기 때문에 그를 공격하기 시작했다. 마귀는 안토니에게 재산, 여동생을 돌보는 문제, 혈연관계, 금전욕과 명예욕, 덕의 엄격함 등을 기억하게 하고 그것을 얻기 위해서 얼마나 수고해야 하는지를 암시했고, 또 그의 육체의 약함 및 그 일을 하는 데 소요되는 시간을 암시하면서 안토니를 수도생활에서 떼어내려 했다. 마귀는 먼저 안토니를 의로운 의도로부터 떼어놓기 위해서 안토니의 정신 속에 고려해야 할 항목들의 큰 먼지 구름을 일으켰다. 그러나 안토니의 결심 앞에서 원수 마귀는 자신의 약함을 보았다. 마귀는 안토니의 견실함과 믿음과 꾸준한 기도 앞에서 영원히 내던져지고 전복되고 패배했다. 이제 마귀는 "그의 배의 힘줄에 있는"욥 40:16 무기들을 믿고 자랑하며(이것들은 마귀가 청년들을 공격하는 첫 번째 복병이다), 젊은 안토니를 공격했다. 밤이면 그를 요란하게 방해하고 낮에도 너무 괴롭혔기 때문에 지켜보는 사람들은 마귀

와 안토니 사이에서 벌어지고 있는 싸움을 알게 되었다. 마귀가 음란한 생각들로 공격하면, 안토니는 기도로써 그것들을 무찔렀다. 마귀가 기분 좋은 자극으로 공격하면, 안토니는 얼굴을 붉히면서 믿음과 기도와 금식으로 몸을 무장했다. 궁지에 몰린 마귀는 어느 날 밤에 여인의 모습으로 나타나 온갖 교태를 부리면서 그를 유혹하려 했다. 그러나 안토니는 그리스도를 생각하고, 그를 통해 실현된 탁월함과 영혼이 지닌 지성을 숙고하면서 속임수의 불을 껐다. 마귀는 다시 쾌락의 달콤함으로 공격했지만, 안토니는 불의 심판과 구더기의 공격에 대한 경고를 생각하고 비교하면서 이 시험들을 이겨냈다. 이 모든 일들은 마귀를 수치스럽게 만들었다. 자신을 신처럼 여기던 마귀가 대단치 않은 젊은이에 의해 웃음거리가 되었고, 인간을 공격하며 자랑하던 마귀의 공격이 육체를 지닌 사람에 의해 저지되었기 때문이다. 우리를 위해 육신을 입으신 주님이 안토니와 함께 일하시면서 마귀를 이기게 해주셨다. 그러므로 수고하는 사람들은 "내가 한 것이 아니요 오직 나와 함께하신 하나님의 은혜로라"고전 15:10고 말할 수 있다.

6. 마지막으로, 이 전략에 의해서 안토니를 패배시키지 못하고 오히려 자신이 안토니의 마음에서 밀려난 사탄은 이를 갈았다. 사탄은 자기의 마음과 닮은 형상으로 변신하여 흑인 소년으로 나타

났다. 사탄은 더 이상 생각들을 사용하여 공격하지 않고 사람의 음성으로 "나는 많은 사람들을 속이고 정복했다. 그러나 이제까지 다른 많은 사람들을 공격해 왔듯이 너를 공격하는 나는 너무나 약하구나"라고 말했다. 안토니는 "나에게 이런 말을 하는 너는 도대체 누구냐?"라고 물었다. 마귀는 즉시 처량한 소리로 "나는 간음의 친구이다. 나는 간음을 매복시켜 놓았다가 그것으로 젊은이들을 유혹해 왔다. 나는 간음의 영이라고도 불린다. 나는 신중하게 살기를 원하는 많은 사람들을 속여 왔다! 나는 자제력을 발휘하려 하는 많은 사람들을 동요시켜 넘어뜨려 왔다! 선지자들은 나 때문에 타락하는 사람들을 책망하면서 그들이 '음란한 마음에 미혹되어 하나님을 떠났다'고 말했다호 4:12. 왜냐하면 그들이 함정에 빠진 것은 나의 계략이었기 때문이다. 자주 너를 괴롭히고, 여러 번 너에게 패배했던 자가 바로 나다." 안토니는 주께 감사하면서 담대하게 마귀에게 말했다: "너는 심한 멸시를 받아야 한다. 너는 마음의 어둠이며 무력한 아이와 같다. 여호와께서 내 편이 되사 나를 돕는 자들 중에 계셔서 나를 미워하는 자들에게 보응하시는 것을 내가 볼 것이므로 너는 나를 불안하게 만들지 못할 것이다시 118:7." 이 말을 듣고 그 검은 마귀는 움츠러들며 두려워서 안토니에게 접근조차 못하고 도망쳤다.

7. 이것이 안토니가 마귀와 겨룬 첫 번째 싸움이었다. 보다 정확하게 말하자면, 이것은 "육신에 죄를 정하사 육신을 따르지 않고 그 영을 따라 행하는 우리에게 율법의 요구가 이루어지게"롬 8:3-4 하신 주께서 안토니 안에서 이루신 승리였다. 그 때에 안토니는 자신이 마귀를 정복한 듯이 오만하거나 방심하지 않았고, 마귀는 실패한 자처럼 덫을 놓는 일을 중지하지 않고 다시 공격할 기회를 찾는 사자처럼 이리저리 배회했다. 안토니는 성경에서 원수 마귀가 수없이 배반한다는 것을 알았다. 그는 죄를 사랑하는 마귀가 육체적인 쾌락으로 그를 미혹하지 못했지만 다른 방법으로 그를 함정에 빠뜨리려 할 것을 깨닫고서 한층 더 엄격하게 훈련했다. 그는 자신이 몇 가지 도전을 극복하고 정복한 후에 다른 덫에 빠지는 일이 없게 하기 위해서 한층 더 몸을 죽이고 복종시켰다고전 9:27. 그리하여 안토니는 더 엄중한 수행에 익숙해지기 위한 계획을 세웠고, 어려움을 쉽게 견뎌내어 많은 사람들을 놀라게 했다. 오랫동안 그의 영혼 속에 자리 잡고 있었던 열망이 그의 안에서 선한 성향을 만들어 냈기 때문에 그는 사람들의 작은 제안에도 큰 열심을 나타냈다. 그는 경성했기 때문에 종종 한 잠도 자지 않은 채 밤을 새웠는데, 이런 일을 어쩌다 한 번 하는 것이 아니라 자주 했기 때문에 경이로움을 불러 일으켰다. 그는 매일 해 진 후에 한

끼만 먹었지만, 이틀에 한 번이나 나흘에 한 번만 음식을 먹기도 했다. 그가 먹는 음식은 빵과 소금이었고, 마시는 것은 물뿐이었다. 물론 고기나 포도주는 먹지 않았다. 그런 음식들은 다른 열성적인 수도자들에게서도 발견되지 않았다. 골풀로 짠 돗자리는 잠자리로 깔기에 충분했지만 그는 일반적으로 맨땅에서 잠을 잤다. 또 그는 젊은이들이 열심히 금욕생활을 해야 하며 "내가 약할 때에 강하다"고후 12:10라는 사도 바울의 말을 생각하면서 몸을 편안하게 해주는 것들을 추구하지 말고 오히려 노동에 익숙해지게 해야 한다고 말했고, 피부에 기름을 바르는 것을 좋게 여기지 않았다. 그는 몸의 즐거움이 약할 때에 영혼의 열심이 강하다고 말했다. 또 덕의 길이나 세상을 버리는 것은 그 일에 보낸 시간에 의해서 측정되는 것이 아니라 그 사람의 갈망과 과단성에 의해 측성되어야 한다는 그의 신념 역시 놀라운 것이었다. 실제로 그는 기억하면서 세월을 보낸 것이 아니라 마치 날마다 금욕생활을 새로 시작하는 듯이 진보를 위해 노력을 더했으며, 항상 "오직 한 일 즉 뒤에 있는 것은 잊어버리고 앞에 있는 것을 잡으려고"빌 3:13 좇아간다는 바울의 말을 상기했고, 또 "여호와께서 살아 계심을 두고 맹세하노니 내가 오늘"왕상 18:15; 왕상 17:1 참조이라는 선지자 엘리야의 말을 기억했다. 그는 자신이 보낸 세월을 세는 것이 아니라 "오늘"이라고 말하면서 항상 새롭게 출발하는 자로서 날마다 하나님 앞에 설 준비가 된 사람-즉 마음을 깨끗이 하고 사람의 뜻이 아니라 하나님의 뜻에 복종할 준비를 갖춘 사람-으로 나서려고 노력했다. 또 그는 금욕 고행자는 선지자 엘리야를 본받아서 항상 자신의 삶에 대한 지식을 획득해야 한다고 말하곤 했다.

8. 안토니는 이런 식으로 대처하면서 마을에서 조금 떨어진 곳에 있는 공동묘지로 갔다. 그는 한 친구에게 정기적으로 빵을 가져다 달라고 부탁했다. 그가 어느 무덤 속으로 들어간 뒤에 친구는 무덤 문을 닫았다. 안토니가 사막을 수도생활로 채울까 염려한 마귀가 어느 날 밤에 무수히 많은 귀신들을 데리고 와서 안토니를 세게 매질했기 때문에 안토니는 괴로워서 말도 못하고 땅에 쓰러졌다. 고통이 심했기 때문에 그는 그것이 인간의 공격이라고 할 수 없다고 말했다. 그러나 (주께 소망을 두는 사람을 주님은 버려두지 않으시므로) 하나님의 섭리로 말미암아 다음 날 친구가 빵을 가지고 왔다. 무덤 문을 열고서 안토니가 죽은 것처럼 쓰러져 있는 것을 본 친구는 안토니를 무덤에서 꺼내어 마을 교회로 데려가 바닥에 눕혔다. 안토니의 친척들과 마을 사람들은 마치 시신 옆에 서듯이 안토니 주위에 둘러섰다. 자정쯤 되어 의식을 되찾고 깨어난 안토니는 모든 사람들이 잠들어 있고 친구만이 자신을 지키고 있는 것

을 보았다. 그는 친구를 손짓하여 부르더니 다른 사람들을 깨우지 말고 자기를 다시 무덤으로 데려가 달라고 부탁했다.

9. 친구는 안토니를 다시 무덤에 데려갔고, 안토니가 무덤에 들어간 뒤에 문을 닫았다. 안토니는 다시 홀로 무덤 속에 남았다. 그는 마귀에게 맞았기 때문에 서 있을 수 없어 누워서 기도했다. 기도를 마친 후에 소리쳤다: "나 안토니가 여기 있다. 나는 너의 공격을 피해 도망치지 않는다. 네가 나를 더 때리고 공격한다 해도, 아무것도 나를 그리스도의 사랑에서 끊지 못할 것이다"롬 8:35. 이어서 그는 "군대가 나를 대적하여 진 칠지라도 내 마음이 두렵지 아니할 것이다"시 27:3라고 노래했다. 수도자 안토니는 이런 것들을 생각하고 말했나. 한편 선을 멸시하는 원수 마귀는 그렇게 두들겨 맞고도 겁 없이 돌아온 그를 보고 크게 놀라고 격분하여 부하들을 불러 모으고 말했다: "우리는 음란의 영이나 채찍으로 그를 저지하지 못했다. 그는 수도생활을 중지하기는 커녕 거만하기까지 하다. 다른 방법으로 그에게 접근하자." 마귀는 행동을 위한 계략을 세웠다. 밤이 되자 귀신들은 온 세상이 지진으로 흔들리는 것 같은 굉장한 소음을 냈다. 마귀들은 짐승들과 파충류의 모양으로 변하여 무덤의 사방 벽을 뚫고 들어오는 것 같았다. 무덤 속은 곧 사자, 곰, 표범, 황소, 뱀, 독사, 전갈, 늑대들의 환영으로 가득 찼고,

그것들은 각기 자신의 형상대로 움직였다. 사자는 포효하며 그에게 덤벼들려고 했고, 황소는 뿔로 들이받으려 했고, 뱀은 그에게 완전히 다가가지는 않고 기어 다녔으며, 늑대는 그를 향해 돌진했다. 한마디로 그곳에 나타난 짐승들은 모두 무서운 소리를 내며 사납게 날뛰었다. 짐승들의 공격을 받아 상처 입은 안토니의 몸은 한층 더 큰 고통을 겪었다. 그러나 안토니는 영적으로 요동하지 않고 한층 더 경계하면서 그곳에 누워 있었다. 그는 육신의 고통 때문에 신음하면서도 자신의 생각들을 제어하며 마치 그것들을 조롱하듯이 이렇게 말했다: "너희에게 능력이 있다면 너희들 중 하나만 와도 충분했을 것이다. 그러나 주께서 너희의 힘을 꺾으셨기 때문에 너희는 떼로 몰려와 어떻게 해서든지 나를 위협하려고 한다. 너희가 분별 없는 짐승들의 모습으로 가장한 것이 바로 너희가 약하다는 증거이다." 이어서 다시 그는 담대하게 말했다: "너희에게 능력이 있고 나를 지배할 권세를 받았다면, 물러서지 말고 공격해라. 그러나 너희가 할 수 없다면, 가망이 없는데 왜 나를 방해하느냐? 우리에게는 주님을 믿는 것이 징표이며 방벽이다." 마귀들은 여러 가지 전략을 시도해 보았지만 안토니를 조롱하지 못하고 오히려 그들 자신이 조롱거리가 되었기 때문에 이를 갈았다.

10. 이러한 상황에서 주님은 유혹과 맞서 싸우는 안토니를 잊지 않고 도우러 오셨다. 안토니가 위를 쳐다보니 지붕이 열리고 한 줄기 빛이 그를 향해 내려오는 것 같았다. 갑자기 마귀들은 시야에서 사라지고 그의 몸의 고통은 즉시 멈췄으며 무덤도 원래의 상태로 돌아갔다. 안토니는 주님의 도우심을 의식하고 고통에서 해방되어 편안하게 숨을 쉬면서 출현한 환영에게 말했다: "주님은 어디에 계셨습니까? 왜 처음부터 나타나셔서 저의 고통을 멈추게 하지 않으셨습니까?" 그때 음성이 들려왔다: "안토니야, 나는 여기 있었단다. 네가 애쓰는 것을 지켜보며 기다렸다. 네가 잘 참고 물러서지 않았으니 나는 영원히 너를 돕겠고, 너를 온 세상에 알리겠다." 안토니는 이 말씀을 듣고 일어서서 기도를 드렸다. 그는 힘이 솟았고 체력이 전보다 더 강해진 것을 느꼈다. 그때 그의 나이는 대략 서른 다섯 살이었다.

11. 안토니는 다음 날 무덤에서 나와 훨씬 더 열심히 하나님에게 헌신했다. 그는 앞에서 언급했던 노인을 찾아가서 광야에서 함께 살자고 청했다. 그러나 노인은 나이가 많다는 것 및 수도생활이 아직 일반화되어 있지 않다는 이유로 거절했고, 안토니는 즉시 산을 향해 출발했다. 원수는 또다시 안토니를 방해하려고 안토니가 걸어가는 길에 커다란 은 접시를 던졌다. 그러나 안토니는 선을

멸시하는 마귀의 간교함을 알고 있었기에 서서 접시를 바라보면서 그 안에 숨어 있는 마귀의 정체를 폭로하며 말했다. "이 광야에 접시라니? 어디에서 나타났을까? 이 길은 사람들이 다닌 적이 없는 곳이며, 이곳을 다녀간 다른 여행자의 흔적도 없다. 접시가 크니까 떨어졌다면 못 보고 지나쳤을 리 없지. 또 접시를 떨어뜨렸다고 해도 이곳은 사막이니까 잃어버린 사람은 돌아와서 찾아냈을 것이다. 이것은 마귀의 계략이다. 마귀야! 네가 이것으로 나의 결심을 무너뜨릴 수는 없다. 이것과 함께 멸망하거라!" 이렇게 말하자마자 접시는 연기처럼 사라졌다.

12. 안토니는 계속 걸어갔다. 이번에는 환상을 본 것이 아니라 진짜 금이 길에 떨어져 있었다. 원수 마귀가 그것을 눈에 띄게 했는지, 아니면 더 탁월한 능력이 이 강건한 사람을 훈련하며 그가 재물에 관심이 없다는 것을 마귀에게 증명하고 있었는지는 분명치 않다. 안토니는 이것에 대해 말하지 않았고, 우리도 나타난 것이 금이었다는 사실 외에는 알 수 없다. 안토니는 많은 양의 금을 보고 놀랐지만 불 위를 뛰어넘듯이 금을 지나쳤다. 그는 아주 빠른 걸음으로 서둘러 갔기 때문에 이내 그것은 시야에서 사라졌다. 안토니는 결심을 더욱 굳게 다지면서 산을 향해 걸음을 재촉했다. 그는 강 건너편에서 버려진 성채를 발견하여 그곳에서 살기 시작

했다. 그 성채는 너무나 오랫동안 비어 있어서 뱀들이 들끓고 있었는데, 그가 들어가자 마치 누가 쫓아내기라도 한듯 일제히 떠나갔다. 그는 입구에 한 번 더 울타리를 두르고 육 개월 동안 먹을 빵을 비축해 놓았고(테베[나일강 상류의 고대 이집트의 수도] 사람들은 이런 식으로 빵을 저장했는데 일 년 내내 변하지 않았다), 물을 길어다 놓고 그 안에서 칩거했다. 그는 그곳에 혼자 머물면서 밖에 나가지도 않고 찾아오는 사람도 만나지 않았다. 그는 일 년에 두 차례 사람들이 지붕에서 내려 주는 빵을 받아 먹으면서 오랫동안 이런 생활을 계속했다.

13. 안토니는 아무도 성채 안에 들어오지 못하게 했기 때문에 종종 그를 찾아온 친지들은 여러 날을 밖에서 지냈다. 그들은 안에서 군중들이 요란하게 소란을 피우면서 가련한 목소리로 "우리 땅에서 나가라! 네가 광야와 무슨 상관이 있느냐? 너는 우리의 반란을 견뎌내지 못할 것이다"라고 외치는 것 같은 소리를 들었다: 그들은 어떤 사람들이 사다리를 타고 안에 들어가서 안토니와 싸우고 있다고 생각하고서 구멍으로 들여다보았지만 아무도 발견하지 못했기 때문에 안토니가 귀신들과 싸우고 있다는 것을 깨달았다. 그들은 두려워하면서 안토니를 불렀고, 안토니는 그들의 소리를 들었다. 안토니는 마귀들을 거들떠보지도 않은 채 문 가까이

다가가서 사람들에게 두려워하지 말고 각기 제 갈 길로 가라고 재촉했다. "마귀들은 이런 식으로 환영들을 만들어 내어 겁 많은 사람들 앞에 풀어놓습니다. 그러니까 자신을 십자가로 무장하고 담대하게 길을 떠나십시오. 그리하여 마귀들로 하여금 실망하게 만드십시오." 그들은 십자가 표시로 힘을 얻고 떠나갔다. 안토니는 그곳에 남아 있으면서 귀신들로부터 아무런 해도 입지 않았고 싸움에서 지치지도 않았다. 하늘에서 온 환상들을 통해 그가 받은 지원 및 적들의 무력함은 그의 고통을 크게 덜어 주었고, 또 그에게 더 큰 열심을 공급 해주었다. 안토니가 죽었을지도 모른다고 생각하고서 정기적으로 찾아온 친구들은 그가 다음과 같이 찬송하는 소리를 들었다. "하나님이 일어나시니 원수들은 흩어지며 주를 미워하는 자들은 주 앞에서 도망하리이다. 연기가 불려가듯이 그들을 몰아내소서 불 앞에서 밀이 녹음같이 악인이 하나님 앞에서 망하게 하소서"시 68:1-2; "뭇 나라가 나를 에워쌌으니 내가 여호와의 이름으로 그들을 끊으리로다"시 118:10.

14. 안토니는 거의 이십 년 동안 이런 식으로 혼자서 수덕적 금욕생활을 했다. 그는 밖에 나오지 않았고 아주 가끔씩 사람들 눈에 뜨였다. 이후 많은 사람들이 그의 금욕생활을 본받으려는 뜻과 열망을 품었다. 그의 친구 몇이 와서 성채의 문을 부수고 강제로

열었는데, 안토니는 하나님에 의해 하늘나라의 신비에 이끌려 들어갔다가 영감을 받고서 마치 성소에서 나오듯이 나타났다. 안토니가 자신을 찾아온 사람들을 만나러 성채에서 나오기는 이번이 처음이었다. 모두들 그를 바라보면서 그의 몸이 이전의 상태를 유지하고 있는 것에 놀랐다. 운동 부족으로 살이 찌지도 않았고 금식이나 마귀들과의 싸움 때문에 야위지도 않았으며, 그가 은거하기 전에 그들이 알았던 모습 그대로였다. 또 그의 영혼은 슬픔으로 억눌리지도 않고 쾌락으로 해이해지지도 않고 기쁨이나 낙담으로 동요되지도 않았기 때문에 깨끗했다. 그는 많은 사람들을 보고서 불쾌하게 여기지 않았고, 사람들이 달려와서 자신을 포옹하는 것 때문에 우쭐해지지도 않았다. 그는 이성의 인도를 받는 사람처럼 완전한 평정을 유지했고 본성과 일치하는 것에 대한 신념에 흔들림이 없었다. 주님은 안토니를 통해서 그곳에 모인 사람들 중에 육체의 질병으로 고생하는 많은 사람들을 고쳐 주시고 몇 사람에게서는 귀신들을 몰아내셨으며, 안토니에게는 연설의 은사를 주셨다. 그는 슬퍼하는 많은 사람들을 위로했고, 서로 적대하는 사람들을 화해시켜 친구가 되게 하였으며, 모든 사람들에게 그리스도의 사랑보다 세상에 속한 것을 더 좋아하지 말라고 권고했다. 또 그들에게 장래의 좋은 일들과 우리를 사로잡은 하나님(자기 아들을 아끼지 아니하시고 우리 모든 사람을 위하여 내주신 롬 8:32)의 사랑을 마음에 새기라고 촉구하면서 독거생활을 시작하라고 권유했다. 그때부터 산 속에 수도원들이 생겨났고, 사막은 친지를 떠나 하늘나라의 시민이 되기로 작정한 수도사들로 인해서 큰 도시가 형성되었다.

15. 언젠가 안토니는 형제들을 방문하기 위해서 악어들이 들끓는 아르시노에Arsinoe 운하를 건너야 했다. 그와 일행은 기도한 후에 항해하여 무사히 운하를 건넜다. 그는 암자로 돌아와서도 거룩하고 적극적인 고행을 계속했다. 그는 정기적인 대화를 통해 수도사가 된 많은 사람들의 결심을 다졌고, 다른 사람들도 감동시켜 수도생활에의 열망을 품게 하였다. 얼마 되지 않아서 그의 설교의 영향을 받아 수많은 수도원들이 생겨났는데, 그는 그들 모두를 아버지처럼 지도했다.

16. 어느 날 그가 밖으로 나왔을 때에 모든 수도사들이 그에게 와서 말씀 듣기를 청했다. 그는 이집트 말로 그들에게 이렇게 말했다: "가르침은 성서로도 충분하지만, 우리는 믿음 안에서 서로 격려해 주어야 합니다. 여러분이 알고 있는 것을 말하며 어린아이가 아버지를 찾듯이 나에게 왔으니, 나는 여러분의 선배로서 내가

알고 있는 것과 내 경험의 열매를 이야기하겠습니다. 첫째, 우리는 수고하는 일에 무기력해지거나 '수도생활에 충분한 시간을 보냈다' 라고 말하면서 이미 시작한 일을 포기하지 않는 열심을 보존해야 합니다. 날마다 새로 시작하듯이 헌신을 키워 나갑시다. 인간의 수명은 다가올 시간에 비하면 아주 짧으며, 우리의 시간은 영원한 생명과 비교해 볼 때 아무것도 아닙니다. 세상의 모든 것은 그만한 가치가 있는 것으로 바꾸기 위해 팔리고, 사람들은 물건을 그것과 같은 값을 지니는 다른 물건과 교환합니다. 그러나 영생의 약속은 아주 작은 대가를 지불하고 살 수 있습니다. 성경에는 '우리의 년수가 칠십이요 강건하면 팔십이라도 그 년수의 자랑은 수고와 슬픔뿐이요' 시 90:10 라고 기록되어 있습니다. 그러므로 우리가 팔십 년이나 백 년을 수도생활을 하면서 보낸다 해도, 그 세월은 장차 우리가 영원히 다스릴 시간과 비교될 수 없습니다. 우리가 이 땅에서 분투하지만 이 세상에서는 유업을 받지 않을 것이며 하늘나라에서 이루어질 약속을 소유합니다. 그때 우리는 썩어질 몸을 벗어버리고 썩지 않을 몸을 다시 받습니다 고전 15:42."

17. "믿음의 자녀들이여, 그러므로 낙심하지 마십시오. 세월이 길다거나 우리가 하는 일이 위대하다고 생각하지 마십시오. 현재의 고난은 장차 우리에게 나타날 영광과 비교할 수 없습니다 롬

8:18. 또 세상을 바라보면서 우리가 어느 정도 위대한 것을 포기했다고 생각하지 마십시오. 천국과 비교해 보면 온 세상은 지극히 작은 것에 불과합니다. 세상을 다스리는 군주가 세상을 버리는 것도 하늘나라와 비교해 보면 아무것도 아닙니다. 사람이 금화 백 개를 얻기 위해서 동전 한 닢을 무시하듯이, 세상의 통치자가 세상을 버린다면 잃는 것이 별로 없이 백 배 이상으로 받을 것입니다. 온 세상의 가치가 하늘나라의 가치와 동등하지 않을진대, 약간의 경작지를 포기한 사람은 실제로 아무것도 희생하지 않은 셈입니다. 또 집이나 상당히 많은 재산을 포기한 사람이라도 자랑하거니 빙심해서는 안 됩니다. 덕행을 통해 이런 재산을 내어놓지 않는다 해도 죽을 때 뒤에 남겨 두고 떠나게 될 것인데, 전도서에서 말하듯이 물려주고 싶지 않은 사람들에게 물려주는 경우가 많습니다. 그러므로 우리가 나라를 물려받으려면 덕을 위해서 소유를 포기해야 하지 않겠습니까? 우리 중에는 재산을 소유하기를 갈망하는 사람이 없어야 합니다. 이처럼 가져가지 못할 것들을 소유하는 것이 무슨 유익이 있습니까? 그보다는 우리가 가져갈 수 있는 것들, 이를 테면 신중, 정의, 절제, 용기, 이해, 사랑, 가난한 사람들에 대한 관심, 그리스도 안에 있는 믿음, 성내지 않음, 환대 등을 소유해야 하지 않겠습니까? 우리가 이런 덕목들을 소유한다

면, 그것들이 우리보다 앞서 달려가서 온유한 자들의 땅에서 우리를 환대할 준비를 할 것입니다."

18. "우리는 이런 생각들로 무장하고 태만해지지 않겠다는 신념을 가져야 합니다. 특히 자신이 주인의 뜻대로 행해야 하는 주님의 종이라고 생각하는 사람이라면 더욱 그렇습니다. 종은 '나는 어제 일했으니까 오늘은 일하지 않겠다'라고 말하지 않을 것이며, 또 지나간 세월을 헤아리면서 다가올 날들에는 노력을 덜하려 하지도 않을 것입니다. 그는 복음서에 기록되어 있듯이 눅 17:7-10 날마다 주인을 기쁘게 하며 위험을 피하기 위해 변함없는 열성을 보일 것입니다. 우리도 매일 꾸준히 수도생활을 해나갑시다. 우리가 과거에 이룬 것과는 상관없이 하루라도 나태해지면 주님은 우리를 용서하지 않으실 것이며 우리의 게으름 때문에 분노하실 것입니다. 에스겔서에 그렇게 기록되어 있고 겔 3:20; 18:26; 33:12, 이전에 성취한 모든 것을 하룻밤에 파괴해 버린 유다의 경우에서 이것을 알 수 있습니다."

19. "자녀들이여, 그러므로 태만하지 말고 수도생활에 전념하십시오. 이 일에 주님이 우리의 동역자가 되시며, 성경에 기록된 대로 하나님을 사랑하는 자 곧 그 뜻대로 부르심을 입은 자들에게는

모든 것이 합력하여 선을 이룹니다롬 8:28. 나태해지지 않으려면 '나는 날마다 죽노라'고전 15:31는 사도 바울의 말을 깊이 생각해 보는 것이 좋습니다. 우리가 매일 죽는 사람으로서 생활한다면 죄를 범하지 않을 것입니다. 이 말씀의 핵심은 이것입니다: "매일 아침 일어날 때에 저녁까지 살아 있지 못할 것이라고 가정하십시오. 또 잠자리에 들 때에 다시는 깨어나지 못할 것이라고 생각하십시오. 우리의 삶은 본질적으로 불확실하며, 날마다 하나님의 섭리에 의해 주어집니다. 매일 이런 식으로 생각하고 산다면 죄를 짓지 않을 것이며, 아무것도 갈망하지 않을 것이며, 아무에게도 원한을 품지 않고, 세상에 보물을 쌓아 두지 않을 것이며, 날마다 죽기를 예상하는 사람처럼 소유에서 자유롭게 되고, 모든 사람에게 모든 것을 용서할 것입니다. 단순히 여인을 향한 욕망과 같은 비천한 쾌락을 억제하기보다는 그 덧없는 것에서 발길을 돌리고 영원히 싸워 나가며 심판의 날을 고대할 것입니다. 심판의 고통에 대한 더 큰 두려움이 늘 쾌락의 유혹을 물리치며 꺼져가는 영혼을 되살릴 것입니다."

20. "우리는 이미 덕의 길에 들어섰으니 앞에 있는 것을 향해 나아가야 합니다빌 3:13. 롯의 아내처럼 뒤를 돌아보지 마십시오. 주님은 '쟁기를 잡고 뒤를 돌아보는 자는 하나님의 나라에 합당치

않다'눅 9:62고 말씀하셨습니다. 여기에서 '뒤를 돌아보다'라는 것은 후회하면서 다시 세상의 일들을 생각하는 것입니다. 덕에 대한 말 듣기를 두려워하지 말고, 덕이라는 말을 모르는 사람이 되지 마십시오. 덕은 우리에게서 멀리 있거나 우리 밖에 있는 것이 아니라 안에서 실현됩니다. 우리가 하려고만 한다면 그것은 쉬운 것입니다. 그리스 사람들은 교육을 받기 위해 집을 떠나 항해하여 가지만, 우리는 하늘나라 때문에 외국에 갈 필요가 없고 덕을 추구하기 위해 바다를 건널 필요도 없습니다. 왜냐하면 주님이 '하나님의 나라는 너희 안에 있느니라'눅 17:21고 말씀하셨기 때문입니다. 덕은 우리 안에 있고 우리에게서 솟아나므로, 덕을 이루기 위해 필요한 것은 우리의 의지뿐입니다. 우리 영혼의 지성이 영혼의 본성을 변함없이 따를 때에 덕이 생겨납니다. 아름답고 바르게 만들어진 우리의 본성이 원래의 모습을 유지할 때에 덕은 그 본성에 일치하여 흔들리지 않게 됩니다. 이런 까닭에 눈의 아들 여호수아는 백성들에게 '너희 마음을 이스라엘의 하나님 여호와께로 향하라'수 24:23고 권면했고, 요한도 '너희의 길을 곧게 하라'마 3:3고 역설하였습니다. 영혼을 곧게 하는 것은 영혼의 지적인 부분을 피조된 모습 그대로의 본성과 일치하게 하는 것입니다. 그러나 영혼이 길을 벗어나 자연스러운 상태를 벗어날 때에 우리는 영혼의 악덕을 이야기합니다. 우리의 임무는 어려운 것이 아닙니다. 왜냐하면 우리가 지음 받은 상태를 유지한다면 우리는 덕 안에 거하지만, 생각을 비천한 일들 쪽으로 돌린다면 우리는 악한 자로 정죄를 받기 때문입니다. 만약 그 임무가 우리가 성취해야 하는 외적인 일에 의존한다면 그것은 참으로 어렵겠지만, 그 일의 중심은 우리에게 있으므로 우리를 천박한 생각에서 지켜야 합니다. 또 그 임무는 주님에게서 받아 맡은 것이므로 주님을 위해 우리의 영혼을 보존해야 합니다. 그리하면 주께서 자신의 작품이 자기가 만든 모습 그대로 유지되고 있음을 인정하실 것입니다."

21. "우리는 노염이 우리를 다스리거나 압도하려 하지 못하도록 싸워 이겨야 합니다. 성경에는 이렇게 기록되어 있습니다: '사람의 성내는 것이 하나님의 의를 이루지 못함이니라'; '욕심이 잉태한즉 죄를 낳고 죄가 장성한즉 사망을 낳느니라' 약 1:20; 1:15. 우리는 깨어 지키면서 이런 식으로 생활해야 합니다. 성경 말씀대로 마음이 늘 깨어 있어야 합니다. 우리가 대적해야 할 무섭고 고약한 원수들은 악한 귀신들입니다. 사도 바울은 '우리의 씨름은 혈과 육에 대한 것이 아니요 정사와 권세와 이 어두움의 세상 주관자들과 하늘에 있는 악의 영들에게 대함이라' 엡 6:12고 말했습니다. 그것들의 무리는 공중에서 우리를 둘러싸고 있으며 우리에게서 멀리 있

지 않습니다. 그러나 그것들 사이에는 큰 차이점이 있습니다. 그것들의 본성과 특징에 대해 말하자면 길어질 것인데, 그러한 강연은 우리보다 더 위대한 사람들에게 어울립니다. 지금 우리에게 절실하게 필요한 것은 우리를 상대로 펼치는 그것들의 비열한 술책들을 아는 것입니다."

22. "먼저 우리는 다음과 같은 것을 이해해야 합니다: 귀신들도 처음에는 우리가 지금 '귀신'이라고 규정짓는 존재로 피조되지는 않았습니다. 하나님은 그 무엇도 악하게 만들지 않으셨습니다. 자신들은 선하게 지음을 받았지만 하늘의 지혜로부터 실족하여 세상을 두루 방황하면서 환영을 통해 그리스인들을 속였습니다. 또 그것들은 기독교인들을 시기하여 그것들이 실족하기 전에 거하던 곳에 우리가 올라가지 못하게 하려고 천국으로 나아가는 우리의 여행을 좌절시키며 우리의 모든 일에 간섭합니다. 그러므로 성령을 통해 영을 분별하는 은사를 받은 사람이^{고전 12:7, 10} 귀신들의 특성-가령 어떤 귀신이 더 사악하고 혹은 덜사악한지, 그것들이 각기 추구하는 목적은 무엇인지, 어떻게 하면 각각의 귀신을 무찌르고 쫓아낼 수 있는지-을 알아차리려면 많은 기도와 고행을 해야 합니다. 왜냐하면 그들의 반역행위와 음모는 다양하기 때문입니다. 사도 바울과 그의 동료들은 이런 일들을 잘 알고 있었기에 '우

리는 그 계책을 알지 못하는 바가 아니로라'고후 2:11고 말했습니다. 우리는 귀신들에게서 받은 시험을 기초로 하여 서로 귀신들에게서 벗어나 바른 길에 서도록 도와 주어야 합니다. 나는 귀신들로부터 내 몫의 시련을 받았기 때문에 여러분을 나의 믿음의 자녀라고 부릅니다."

23. "귀신들은 수고하며 전진해 나아가는 기독교인들, 특히 수도사들을 보면 우선 길에 장애물을 놓아 그들을 공격하고 유혹합니다. 그들이 놓는 장애물은 악한 생각들입니다. 그러나 우리는 기도와 금식, 그리고 주께 대한 믿음에 의해서 그것들을 즉시 물리칠 수 있으므로 귀신들이 제안하는 것들을 두려워할 필요가 없습니다. 하지만 귀신들은 실패한 후에도 멈추지 않고 악의를 품고 교활하게 다시 접근합니다. 그것들은 눈에 뜨이는 천박한 쾌락으로 우리의 마음을 미혹하지 못하면 다른 종류의 공격을 감행하여 환영들을 만들어내고 자신의 모습을 바꾸고 여자와 짐승, 파충류, 거대한 무리, 수천 명의 군사들로 가장하여 우리의 마음을 위협합니다. 그러나 그것들이 만들어내는 환영은 아무것도 아니며, 우리가 믿음과 십자가 표시로 무장한다면 즉시 사라지므로 두려워할 필요가 없습니다. 분명히 그것들은 대담하고 수치심이 없습니다. 그렇기 때문에 정복당하면 다른 방식으로 다시 공격합니다. 그것

들은 장래의 일을 예언하거나 예고하는 체합니다. 또 지붕처럼 키가 크고 몸집이 거대해 보이기 때문에 생각으로 사람들을 미혹시킬 수 없으면 환영을 사용하여 낚아채려 합니다. 그러나 이런 경우에 귀신들은 영혼이 믿음과 희망적인 목적 안에서 흔들림이 없는 것을 발견한다면 그들의 대장을 앞장세웁니다."

24. 안토니는 계속해서 말했다. "그것들은 종종 마귀와 같은 모습으로 나타나는데, 하나님은 욥에게 그것을 계시하시면서 다음과 같이 말씀하셨습니다: '그것의 눈은 새벽의 눈꺼풀 빛 같으며 그것의 입에서는 횃불이 나오고 불꽃이 튀어 나오며 그것의 콧구멍에서는 연기가 나오니 마치 갈대를 태울 때에 솥이 끓는 것과 같구나 그의 입김은 숯불을 지피며 그의 입은 불길을 뿜는구나'욥 41:18-21. 미혹하는 자인 귀신들의 왕은 이런 형상으로 나타나서 근사한 말을 하면서 공포를 불러일으킵니다. 하나님은 욥에게 그것을 묘사하시면서 다음과 같이 말씀하셨습니다: '그것이 쇠를 지푸라기같이, 놋을 썩은 나무같이 여기니…깊은 물을 솥의 물이 끓음같게 하며 바다를 기름병같이 다루는도다 그것의 뒤에서 빛나는 물줄기가 나오니 그는 깊은 바다를 백발로 만드는구나'욥 41:27-32. 또 선지자를 통해 이렇게 말씀하셨습니다: '원수가 말하기를 내가 뒤쫓아 따라잡아 탈취물을 나누리라'출 15:9; '내 손으로 열국의 재

물을 얻은 것은 새의 보금자리를 얻음 같고 온 세계를 얻은 것은 내버린 알을 주움 같았다'사 10:14. 간단히 말해서 그것들은 경건한 자들을 속이기 위해 이런 종류의 주장을 하면서 자랑을 늘어놓고 신앙을 고백합니다. 그러나 우리 믿는 자들은 그의 출현을 두려워할 필요도 없고, 그의 말로 인해 근심할 필요도 없습니다. 그는 전혀 진리를 말하지 않고 거짓말을 하기 때문입니다. 그가 이런저런 많은 이야기들을 지껄이고 뻔뻔스럽게 굴더라도 관심을 두지 마십시오. 구주께서 그를 뱀처럼 갈고리로 끌고 가셨으며, 무거운 짐을 진 짐승처럼 그 턱에 굴레를 씌우셨고, 도망자처럼 그 코를 고리로 꿰셨으며, 그의 입술을 철 쇠사슬로 꿰뚫으셨습니다. 주께서는 그를 참새처럼 묶어서 우리의 조롱을 받게 하셨습니다. 그리고 그와 동료 귀신들은 전갈이나 뱀처럼 우리 기독교인들에게 짓밟혔습니다. 우리가 그를 대적하여 살아가는 것이 그 증거입니다. 바다를 마르게 하고 세상을 움켜쥐겠다며 위협하던 그는 여러분의 수도생활을 방해할 수도 없으며, 심지어 내가 그를 비난하는 것조차 막을 수 없게 되었습니다. 그의 말은 온통 거짓이므로 무슨 말을 해도 관심을 두지 마십시오. 또 그의 환영들도 속임수이니 무서워하지 마십시오. 그것들 안에 나타나는 것은 참빛이 아닙니다. 그것들은 자신을 위해 예비된 불의 요소들과 모습을 담고 있으며, 머지않아 자신을 소멸시킬 그 불에 담긴 요소들 안에서 인류를 겁주려고 합니다. 그것들은 분명히 나타나지만 신자들에게 해를 끼치지 못하고 그들을 빨아들이려 하는 불의 모습으로 즉시 사라집니다. 그들을 두려워할 필요가 없습니다. 왜냐하면 그리스도의 은혜로 그들이 추구하는 것들은 모두 허사가 되기 때문입니다."

25. "그러나 그것들은 배반을 일삼으며 온갖 형상으로 변할 준비가 되어 있습니다. 종종 그것들은 모습을 드러내지 않은 채 찬송을 부르는 체하며 성경 말씀을 낭송합니다. 우리가 성경을 읽고 있을 때에 그것들은 우리가 읽은 것과 똑같은 내용을 산울림처럼 즉시 반복적으로 말할 수 있습니다. 그것들은 잠자고 있는 우리를 기노하라고 깨우는데, 이런 짓을 계속하여 우리로 하여금 잠을 자지 못하게 합니다. 또 그것들은 수도사의 모습으로 가장하고서 경건한 사람들처럼 말할 수도 있습니다. 그것들은 비슷한 외관으로 신자들을 미혹하여 원하는 곳으로 끌고 갑니다. 그러나 그것들에게 마음을 쓸 필요가 없습니다. 그것들이 기도하라고 깨우거나 아무것도 먹지 말라고 충고하거나 다른 때에는 눈감아 주었던 행동들에 대해 비난과 책망을 퍼붓는 척해도 관심을 기울이지 마십시오. 그것들이 이런 행동을 하는 것은 신앙이나 진리를 위한 것이

아니라 단순한 사람들을 절망에 빠뜨리고 수도생활을 쓸모없는 것이라고 선언하며, 사람들로 하여금 독수도생활을 힘겹고 가혹한 것으로 여겨 싫증내게 만들고, 마귀들에게 반항하며 그 생활을 계속 이끌어가는 사람들을 넘어뜨리기 위함입니다."

26. "여호와께서 보내신 선지자는 그러한 피조물들을 비참한 존재라고 부르면서 '자기 이웃에게 강제로 술을 먹이고 그를 취하게 하려는 자에게 화가 있을진저'라고 말했습니다 합 2:15. 그런 행실과 생각은 덕으로 향하는 길을 파괴하기 때문입니다. 귀신들이 진리를 말했을 때에(그것들은 '당신은 하나님의 아들입니다 눅 4:41'라고 말했다) 주님은 그것들의 입을 다물게 하시고 아무 말도 하지 못하게 막으셨습니다. 이는 그것들이 진리와 함께 악을 뿌리지 못하게 하며, 우리를 단련시켜 그것들이 진리를 말하는 것처럼 보여도 그 말에 귀를 기울이지 못하도록 하기 위해서입니다. 이는 거룩한 성경과 구세주의 자유를 가진 우리가 제 위치를 지키지 않고 유 6장 이리저리 마음을 바꾸는 마귀의 가르침을 받는 것이 적합하지 않기 때문입니다. 이런 까닭에 주님은 마귀가 성경 말씀을 입 밖에 낼 때 그를 저지하며 이렇게 말씀하셨습니다: '악인에게는 하나님이 이르시되 네가 어찌하여 내 율례를 전하며 내 언약을 네 입에 두느냐' 시 50:16. 그것들의 말과 행동은 대혼란을 초래하고, 그것들은 자기

가 아닌 다른 것으로 가장하며 소란을 일으킵니다. 이 모든 것은 순진한 사람들을 속이기 위해서입니다. 그것들은 요란한 소리를 내며 미친 듯이 웃고 경멸하는 소리를 냅니다. 그러나 우리가 관심을 기울이지 않으면, 그것들은 패배한 듯이 울부짖으며 탄식합니다."

27. "그러므로 주님은 귀신들의 입을 다물게 하셨습니다. 우리는 경건한 자들에게서 배웠으므로 그들처럼 행동하고 그들의 용기를 본받아야 합니다. 그들은 귀신들을 보았을 때 이렇게 말하곤 했습니다: '악인이 내 앞에 있을 때에 내가 내 입에 재갈을 먹이리라 하였도다 내가 잠잠하여 선한 말도 하지 아니하니'시 39:1-2; '나는 못 듣는 자같이 듣지 아니하고 말 못하는 자같이 입을 열지 아니하오니 나는 듣지 못하는 자 같습니다'시 38:13-14. 우리도 귀신들에게 관심을 기울이지 말고 낯선 자들처럼 대해야 합니다. 귀신들이 기도하라고 우리를 깨우거나 금식에 대해 이야기하더라도 복종하지 마십시오. 수도생활이라는 목표에 헌신하며, 귀신들이 모든 일을 간교하게 행해도 미혹되지 마십시오. 귀신들이 우리를 공격하거나 죽음으로 위협하는 것처럼 보여도 두려워하지 마십시오. 그들은 약하며, 위협하는 것 외에는 아무것도 행할 능력이 없습니다."

28. "지금까지는 이 문제를 지나가는 말로 다루어 왔지만, 내친 김에 귀신들에 관해 더 자세하게 설명하겠습니다. 왜냐하면 그러한 조언이 여러분의 안전에 도움이 될 테니까요.

주님이 우리와 함께 계셨기 때문에 원수 마귀는 넘어지고 그 힘은 약해졌습니다. 이런 까닭에 원수는 아무것도 할 수 없음에도 불구하고 잠잠하지 않고 마치 권좌에서 쫓겨난 폭군처럼 말뿐인 위협을 쏟아냅니다. 이 점을 깊이 생각한다면 귀신들을 대할 때에 멸시할 힘을 얻을 것입니다. 만약 귀신들이 우리 몸과 같은 종류의 몸에 매여 있다면 '우리는 숨어 있는 사람들을 찾을 수 없지만, 그들을 발견하기만 하면 해를 입힐 것이다'라고 말해야 할 것입니다. 그렇다면 우리는 몸을 숨김으로써 귀신들이 들어오지 못하게 문을 걸어 잠그고 피할 수 있을 것입니다. 물론 귀신들에게는 잠긴 문을 통과할 능력이 있고 또 어느 곳에서든지 그들(귀신들과 그들의 대장인 사탄)을 만나게 되며, 또 그들이 악의에 차 있어 언제든지 해를 끼칠 태세를 갖추고 있으며, 구주께서 말씀하셨듯이 악의 아비인 마귀가 처음부터 살인자였다 해도 cf. 요 8:44 우리는 지금 살아서 마귀를 대적하며 살고 있습니다. 분명히 귀신들은 아무런 힘도 갖고 있지 않습니다! 그들은 어디서든 반역을 꾸밀 수 있으며, 우리를 친구로 여겨 자비를 베풀지 않으며, 개심하려는 의도를 가지고 선을 사랑하지도 않습니다. 그들은 악하며, 그들이 바라는 것은 덕을 사랑하고 하나님을 경외하는 사람들에게 해를 끼치는 것입니다. 그러나 그 일을 행할 능력이 없기 때문에 그들은 위협을 발할 뿐입니다. 만일 그들에게 능력이 있다면 지체하지 않고 자신들이 본능적으로 좋아하는 악-특히 우리를 상대로 펼치는 악-을 행할 것입니다. 그러므로 여기에 모인 우리가 그들을 비난하고 있다는 것과 우리가 앞으로 나아갈 때에 자신들이 약해진다는 것을 그들이 알고 있음을 주목하십시오. 정말로 그들에게 권위가 있다면, 그들은 기독교인들을 한 사람도 살아 있지 못하게 할 것입니다. 왜냐하면 죄인들에게는 경건한 교훈이 오히려 지겹기 때문입니다.집회서 1:25. 그러나 그들은 무력하여 자신이 위협했던 일을 행할 수 없기 때문에 스스로에게 상처를 입힙니다. 그들에 대한 두려움을 종식시키려면 다음과 같은 사실을 깊이 생각해야 합니다: 만일 그들에게 능력이 있다면 그들은 떼를 지어 몰려오지 않을 것이며, 환영들을 만들어 내거나 형태를 바꾸어 속이려 하지 않을 것입니다. 그들 중 하나가 와서 자기가 하고자 하며 할 수 있는 일을 수행하는 것으로 충분할 것입니다. 왜냐하면 실제로 능력을 갖추고 있는 이들은 환영을 사용하여 파괴하지 않고 큰 무리를 동원하여 두려움을 불러일으키지도 않으며 자기가 바라는 대로 힘을 발휘하기 때문입니다. 그러나 귀신들은 아무런 영향력도 행사할 수 없기 때문에 무대 위에 선 것처럼 모양을 바꾸고 큰 무리와 형상의 환상으로 어린이들에게 공포심을 불어넣으며 연기를 합니다. 이러한 기괴한 행동 때문에 그들은 약골이라는 조롱을 받아 마땅합니다. 앗수르 군대에게 보내진 하나님의 천사는 큰 무리나 눈에 보이는 환영이나 요란한 소리나 덜거덕거리는 소음을 필요로 하지 않았습니다. 그는 조용히 권세를 발휘하여 단번에 십팔만 오천 명을 죽였습니다 왕하 19:35. 그러나 아무것도 행할 능력이 없는 마귀들은 환영을 통해서라도 두렵게 만들려 합니다."

29. "욥에게 일어난 사건들을 생각하면서 '왜 사탄은 욥에게 그런 일들을 저질렀는가? 그는 욥의 재산을 모두 빼앗고 자녀들을 죽이고 악한 종기로 그를 치지 않았는가? 욥 2:7'라고 묻는 사람은 마귀가 힘을 가진 것이 아니라 하나님이 욥을 시험할 권한을 마귀에게 주셨음을 알아야 합니다. 마귀는 아무것도 행할 수 없었기 때문에 하나님에게 요청하여 허락을 받고서 실행에 옮겼습니다. 이런 이유에서도 마귀는 정죄를 받아야 했기 때문에 그는 원해도 의인을 상대하여 이길 수 없었습니다. 만일 그에게 힘이 있었다면 하나님에게 요청하지 않았을 것입니다. 그러나 그는 한 번이 아니라 두 번씩이나 요청함으로써 자신이 약하며 능력이 없음을 나타

냈습니다. 마귀가 욥을 상대할 힘이 없었던 것은 놀라운 일이 아닙니다. 하나님이 허락하시지 않았다면 욥의 가축에게도 재앙은 내리지 않았을 것입니다. 사실 마귀에게는 돼지를 다스릴 권한도 없습니다. 그렇기 때문에 복음서에 기록된 대로 그들은 주께 '우리를 돼지에게로 보내어 들어가게 하소서'막 5:12라고 요청했습니다. 돼지조차 마음대로 움직일 수 없는 마귀들이 어떻게 하나님의 형상으로 지음 받은 인간을 좌지우지할 수 있겠습니까?"

30. "그러므로 귀신들을 조금도 두려워하지 말고 멸시하며 오직 하나님만 두려워해야 합니다. 귀신들이 이런 일들을 더 많이 행할수록 그들과 대항하는 수도생활에 더욱 분발해야 합니다. 그들을 대적할 강력한 무기는 의로운 생활과 하나님에 대한 믿음입니다. 귀신들은 금식과 철야, 기도, 온유와 친절, 돈을 멸시함, 허영심의 부재, 겸손, 가난한 자들에 대한 사랑, 구제, 성내지 않음, 그리스도에 대한 헌신 등 여러 가지 이유 때문에 수도자들을 두려워합니다. 이런 까닭에 그들은 수도자들에게 밟히지 않으려고 안간힘을 씁니다. 귀신들은 자기들에게 맞서 싸우는 신자들을 위해 구주께서 주신 은혜를 알고 있습니다. 주님은 '내가 너희에게 뱀과 전갈을 밟으며 원수의 모든 능력을 제어할 권세를 주었으니'눅 10:19라고 말씀하셨습니다."

31. "또 예언하는 척하는 귀신들에게 넘어가지 마십시오. 귀신들은 종종 며칠 뒤에 우리를 찾아올 형제들에 대해서 미리 이야기하며, 실제로 그 형제들이 도착합니다. 귀신들이 이렇게 행하는 것은 듣는 자들에게 관심이 있기 때문이 아니라 그들을 설득하여 자신을 믿게 한 후에 그들을 지배하고 파멸시키기 위해서입니다. 그러므로 마귀들에게 신경을 쓰지 말며, 그들이 말하고 있는 동안에도 그들을 타도해야 합니다. 우리에게는 그들이 필요 없습니다. 본질상 인간의 육체보다 더 얇은 물질로 만들어진 몸을 사용하는 귀신들이 여행을 시작하는 사람들을 엿보고 있다가 먼저 달려와서 그늘의 도착을 알리는 일이 그렇게 놀라운 일입니까? 말을 타고 가는 사람도 도보로 여행하는 사람들을 앞질러 와서 예고해 줄 수 있습니다. 그러므로 이런 경우에 귀신들에게 경탄할 필요가 없습니다. 그들은 아직 일어나지 않은 일에 대한 선지식이 전혀 없습니다. 하나님만이 '모든 일이 생기기 전에 이미 알고 계시는 외경 수산나 이야기 42' 유일한 분입니다. 귀신들은 도둑같이 미리 달려와서 자신들이 본 것을 보고합니다. 지금 이 순간에도 우리 중 누가 출발해서 이 사실을 보고하기도 전에, 귀신들은 많은 사람들에게 우리의 일(우리가 여기 함께 모여 그들을 비난하고 있는 일)을 알리고 있을 것입니다! 발 빠른 소년은 느린 사람보다 먼저 달려가서 이 일을

전할 수 있습니다.

내가 말하고자 하는 것은 다음과 같습니다. 만일 누군가 테베와 같은 곳에서 출발하여 여행을 시작한다면, 귀신들은 그 사람이 실제로 걷기 시작하기 전에는 그 사실을 알지 못합니다. 마귀는 그 사람이 걷는 것을 보면 앞질러 달려가서 그가 올 것을 미리 알려 주며, 정말로 여행자는 며칠 후에 도착합니다. 그러나 여행을 떠난 사람이 도중에 돌아간다면, 귀신들의 거짓말은 들통이 납니다."

32. "귀신들이 에리다누스Eridanus 강에 대해 터무니없는 말을 할 때가 있습니다. 귀신들은 에티오피아 지역에 폭우가 내리는 것을 보면, 에리다누스 강의 범람 원인이 그곳에 있다는 것을 알기 때문에 강물이 이집트에 도달하기 전에 급히 앞서 가서 보고합니다. 그러나 사람들도 그만큼 빨리 달릴 수 있다면 그 말을 전할 수 있었을 것입니다. 망대 위에 올라간 다윗의 파수꾼은 사람이 접근하는 것을 망대 밑에 있는 사람보다 더 잘 볼 수 있었습니다 왕하 18:24이하. 파수꾼은 앞에서 달리는 사람처럼 아직 일어나지 않은 일들을 사람들에게 전한 것이 아니라 이미 발생하여 진행되는 일들을 전했습니다. 마찬가지로 귀신들도 오로지 사람들을 속이려는 목적을 가지고 서둘러 앞서 가서 사람들에게 징조들을 알립니다.

그러나 강물이나 여행자들에 관하여 하나님이 다른 일을 계획하신다면 귀신들의 말은 거짓으로 드러날 것이며, 그들의 말을 들은 사람들은 속임을 당합니다."

33. "그리스인들의 신탁이 이렇게 해서 생겨났습니다. 과거에 귀신들은 그리스인들을 미혹했습니다. 그러나 이제 주님이 오셔서 귀신들 및 그들의 악행을 무력하게 하셨기 때문에 귀신들은 우리를 속이지 못합니다. 귀신들은 자력으로는 아무것도 알지 못하며, 도둑처럼 다른 사람들에게서 주워들은 것을 퍼뜨립니다. 그들은 예언자보다는 암표상에 가깝습니다. 그리므로 만일 그들이 때때로 진리를 말한다 해도 놀랄 필요가 없습니다. 의원들은 종종 동일한 병을 앓는 상이한 사람들을 관찰하면서 자신에게 친숙한 것을 근거로 추측하여 진단합니다. 배를 조종하는 타수舵手들이나 농부들은 숙련된 시선으로 날씨를 관찰하여 폭풍이 불어올 것인지 맑을 것인지 예고할 수 있습니다. 그들이 날씨를 예고하는 것은 신의 영감을 받은 것이 아니라 경험과 훈련에 기초한 것입니다. 그러므로 귀신들이 종종 추측으로 이런 일들을 말한다고 해서 그들에게 주목하거나 놀랄 필요가 없습니다. 장차 일어날 일을 며칠 먼저 안다고 해서 무슨 유익이 있겠습니까? 또 우리가 장래의 일을 알 수 있다 해도 무슨 목적으로 그러한 일을 알려고 열광합

니까? 그것은 덕을 이루지 못하며, 선한 성품의 증거를 전혀 나타내지 못합니다. 누구도 자신이 알지 못하는 것 때문에 심판을 받지 않으며, 또 유식하고 지식이 있다는 이유로 복된 사람으로 간주되지도 않습니다. 각 사람은 믿음을 지키며 성실하게 계명들을 준수했는지의 여부에 따라서 심판을 받습니다."

34. "그러므로 이런 것들을 중요하게 여기지 말며, 또 선견先見을 획득하려는 목적을 가지고서 노력하기보다는 우리가 영위하는 생활방식으로 하나님을 기쁘시게 하려고 노력하십시오. 장차 일어날 일들을 미리 아는 능력을 얻기 위해 기도하지 말며, 수덕생활에 대한 보상으로 그러한 능력을 달라고 요청하지 마십시오. 그보다는 마귀를 정복하는 일에 주님이 우리의 동역자가 되어 주시기를 기도하십시오. 장래의 일을 아는 능력이 필요할 경우에는 우리의 오성이 깨끗해야 합니다. 본성적인 상태에 있어서나 모든 면에서 깨끗한 영혼은 선견지명이 있기 때문에 귀신들보다 더 멀리 볼 수 있습니다. 왜냐하면 그러한 영혼에게는 장래 일을 계시해 주시는 주님이 계시기 때문입니다. 엘리사의 영혼은 깨끗했기 때문에 게하시 및 아람 왕의 군대에 관한 일을 보았습니다 왕하 5:26."

35. "그러므로 밤중에 귀신들이 와서 미래의 일을 말하려 하거

나 '우리는 천사들이다'라고 해도 그들의 말은 거짓이므로 무시해야 합니다. 또 만일 귀신들이 우리의 수덕생활을 칭찬하면서 우리가 복되다고 말해도, 그들을 무시하며 그들과 함께 어떤 일도 하지 말아야 합니다. 그럴 때에는 우리 자신과 거처에 십자성호를 긋고 기도하십시오. 그리하면 눈에 보이지 않게 된 귀신들을 볼 수 있을 것입니다. 사실 귀신들은 겁쟁이들입니다. 그리고 주님은 십자가로 귀신들의 갑옷을 벗기심으로써 본을 보이셨기 때문에 주님의 십자가는 그들을 혼비백산하게 만듭니다. 혹시 귀신들이 무모하게도 자신의 입장을 굽히지 않고 춤추고 돌아다니면서 다양한 환영들을 만들어 내도 그들을 두려워하거나 위축되지 말며, 그들이 선하다고 기대하여 주목하지 마십시오. 하나님이 허락해 주신다면 우리는 선과 악의 존재를 쉽게 분별할 수 있습니다. 거룩한 사람이 보는 환상은 방해를 받지 않습니다. 그렇기 때문에 그는 다투지도 아니하며 들레지도 아니하리니 아무도 길에서 그 소리를 듣지 못할 것입니다마 12:19. 그러한 평온함과 온유함과 더불어 기쁨과 즐거움과 용기가 영혼에게 임합니다. 왜냐하면 우리의 기쁨이요 아버지 하나님의 능력이신 주님이 동행하시기 때문입니다. 영혼의 생각들은 동요되지 않고 평온한 상태에 머물기 때문에 밝게 빛나는 영혼은 자체의 빛에 의해서 접근하는 자들을 봅니다. 영혼은 장래의 거룩한 실체들을 향한 열망에 정복되며, 만일 그것들과 함께 죽을 수만 있다면 그것들과 완전히 연합되기를 원합니다. 그러나 어떤 사람이 인간이기 때문에 선한 영들을 보고서 두려워한다면, 그에게 나타난 선한 영은 사랑으로 두려움을 제거합니다. 사가랴에게 나타난 천사 가브리엘이 그렇게 행했고, 예수님의 무덤을 찾아간 여인들에게 천사들이 그렇게 했고, 또 복음서에서 목자들에게 '두려워 말라'고 말한 천사가 그렇게 했습니다. 이런 사람들의 두려움은 영혼의 비겁함에서 생겨난 것이 아니라 탁월한 영적 존재에 대한 의식에서 생겨난 것입니다."

36. "한편, 악한 자들의 출현과 공격은 요란한 소리와 소음을 동반하여 우리를 괴롭게 합니다. 그것은 마치 다루기 힘든 청년들이나 강도들의 난폭함과 같습니다. 그것은 영혼을 두렵게 하고 생각들을 무질서하고 혼란스럽게 하며, 수도자들로 하여금 낙담하고 불화하게 만들고 냉담과 슬픔을 야기하며, 친척들을 기억하고 죽음을 두려워하게 만들며, 궁극적으로는 덕을 멸시하고 악을 갈망하게 하며 성품을 변덕스럽게 만듭니다. 그러므로 어떤 사람을 보면서 두려움을 느끼지만 그 두려움이 즉시 제거되고 말할 수 없는 기쁨과 명랑함과 자신감이 생기고 힘이 소생하며 생각이 평온해지며 앞에서 언급한 여러 가지에 의해서 용감함과 하나님 사랑이

되살아난다면, 담대하게 기도하십시오. 우리 영혼의 안정과 기쁨은 우리 앞에 있는 사람의 거룩함을 증명해 줍니다. 그렇기 때문에 아브라함은 여호와를 보고 기뻐했고, 요한은 하나님을 잉태하고 있는 마리아의 음성을 듣고서 기뻐ㄴ했습니다. 그러나 만일 어떤 사람이 나타날 때에 혼란함과 외부로부터의 소음, 세상적인 환영幻影, 죽음에 대한 두려움 등이 발생한다면, 그것은 악한 자의 방문입니다."

37. "다음과 같은 것 역시 악한 자의 방문을 입증하는 증거입니다: 영혼이 계속 두려워하는 것은 원수들이 현존하는 데 기인합니다. 마리아와 사가랴에게 나타난 천사 가브리엘이나 무덤 앞에서 여인들에게 나타난 천사들은 두려움을 제거해 주었지만, 귀신들은 자신의 출현에 의해 야기된 두려움을 제거하지 않습니다. 귀신들은 두려워하는 사람들을 보면 그들을 한층 더 두렵게 만들기 위해서 환영들을 증가시킨 후에 내려와서 그들에게 해를 끼치기 위해서 '내게 엎드려 경배하라'cf. 마 4:9고 말합니다. 귀신들이 이런 식으로 속였기 때문에 그리스인들은 귀신들을 신으로 여겼습니다. 그러나 주님은 우리가 마귀에게 속는 것을 허락하지 않으셨고, 마귀가 그러한 모습으로 나타날 때마다 '사탄아 물러가라 기록되었으되 주 너의 하나님께 경배하고 다만 그를 섬기라 하였느

니라'마 4:10고 책망하셨습니다. 그러므로 우리는 교활한 자들을 한 층 더 멸시해야 합니다. 우리가 귀신들에게 이런 말을 함으로써 주님을 통해서 귀신들을 쫓아낼 수 있게 하기 위해서 주님은 이러한 책망의 말씀을 하셨습니다."

38. "귀신들을 몰아낸 것을 자랑하지 말아야 하며, 또 병을 낫게 했다고 해서 교만해지지 말아야 합니다. 어떤 사람이 귀신을 쫓아낸다고 해서 놀랄 필요가 없으며, 귀신을 쫓아내지 못하는 사람을 멸시하지 말아야 합니다. 우리는 각각의 방법을 제대로 배워 모방하거나 열심히 흉내 내며, 잘못된 것을 고쳐야 합니다. 기적은 우리가 행하는 것이 아니라 주님이 행하시는 것입니다. 그렇기 때문에 주님은 제자들에게 '귀신들이 너희에게 항복하는 것으로 기뻐하지 말고 너희 이름이 하늘에 기록된 것으로 기뻐하라'눅 10:20고 말씀하셨습니다. 하늘나라에 이름이 기록된다는 것은 우리의 덕과 생활방식을 입증하는 증거이지만, 귀신들을 쫓아내는 능력은 구주께서 주시는 선물입니다. 그렇기 때문에 덕을 자랑하지 않고 기적 행함을 자랑하면서 '주여 주여 우리가 주의 이름으로 선지자 노릇 하며 주의 이름으로 귀신을 쫓아내며 주의 이름으로 많은 권능을 행하지 아니하였나이까'라고 말하는 사람들에게 주님은 '내가 너희를 도무지 알지 못하니 불법을 행하는 자들아 내게서 떠나

가라'고 대답하셨습니다마 7:22-23. 앞에서 말했듯이, 우리는 성경에서 말한 것처럼 영을 다 믿지 않기 위해서요일 4:1 영 분별의 은사를 달라고 기도해야 합니다."

39. "나 자신의 싸움에 대해서는 말하지 않고 지금까지 이야기한 것으로 만족하고 싶습니다. 그러나 내가 이런 일들에 대해서 일반적으로 말하고 있다고 생각하는 것을 피하고 또 내가 경험과 사실에 근거하여 이런 일들을 묘사하고 있다는 확신을 주기 위해서, 비록 내가 어리석은 자처럼 되더라도(내 말을 들으시는 주님은 내 양심이 깨끗하다는 것, 그리고 나 자신을 위해서가 아니라 당신들을 사랑하여 당신들의 진보를 위해서 이 말을 한다는 것을 알고 계십니다) 내가 본 귀신들이 얼마나 교활하게 활동하는지 이야기하겠습니다. 귀신들은 여러 번 나를 복되다고 말했고 나는 주님의 이름으로 그것들을 저주했습니다. 귀신들은 종종 강물에 대해 예언했지만, 나는 '너의 관심사는 무엇이냐?'라고 물었습니다. 언젠가 귀신들은 마치 전쟁을 위해 정렬한 군사들처럼 나를 에워싸고 위협했습니다. 또 언젠가는 내 거처에 말들과 짐승들과 뱀들을 가득 채웠는데, 나는 '어떤 사람은 병거, 어떤 사람은 말을 의지하나 우리는 여호와 우리 하나님의 이름을 자랑하리로다'시 20:7라고 찬송하며 기도했고 주님은 그것들을 몰아내 주셨습니다. 언젠가 귀신들은 빛의 모습을 취

하고 나타나서 '안토니야, 우리는 너에게 빛을 주려고 왔다'라고 말했는데, 내가 눈을 감고 기도했더니 귀신들의 빛은 즉시 사라졌습니다. 몇 달 후에 귀신들은 다시 나타나서 성경을 인용하여 찬송했지만, '나는 못 듣는 자같이 듣지 아니' 했습니다 시 38:13. 한번은 귀신들이 내 방을 뒤흔들었지만 나의 목적은 동요하지 않았습니다. 그 후에 귀신들은 소음을 내며 다시 찾아와서 호각소리를 내며 이리저리 뛰어다녔습니다. 내가 기도하며 시편 찬송을 했더니, 귀신들은 매우 약해진 것처럼 슬피 울면서 소리치기 시작했습니다. 나는 귀신들의 뻔뻔스러움과 광기를 보여 주신 주님을 찬양했습니다."

40. "언젠가 아주 큰 귀신이 나타나서 '나는 하나님의 능력이다. 나는 하나님의 섭리이다. 내가 너에게 무엇을 주기를 원하느냐?'라고 말했습니다. 그때 나는 숨을 내쉬면서 그리스도의 이름으로 그 귀신을 내리쳐서 명중시켰는데, 그리스도의 이름을 언급하자마자 거대한 귀신은 부하들과 함께 사라졌습니다. 한번은 내가 금식을 하고 있는데 교활한 자가 수도사의 모습을 하고 빵 비슷한 것을 가지고 나타나서 '이것을 먹고 수고를 멈추십시오. 당신도 인간이니 몸이 무척 약해질 것입니다'라고 말했습니다. 나는 귀신의 전략을 알아챘기 때문에 일어서서 기도했고, 귀신은 견디지 못

하여 도망쳤는데 연기처럼 문틈으로 사라졌습니다. 귀신은 광야에서 여러 번 환상으로 황금을 보여 주면서 나로 하여금 그것을 보고 만지게 만들려 했습니다. 그러나 내가 저항하면서 시편을 찬송할 때에 귀신은 사라졌습니다. 귀신은 여러 번 나를 채찍으로 때렸는데, 그때 나는 '누가 우리를 그리스도의 사랑에서 끊으리요'롬 8:35라고 말했습니다. 그 후에 귀신들은 자기들끼리 서로 채찍질했습니다. 귀신들을 멈추게 하고 그들의 행동을 무력하게 만든 것은 내가 아니라 주님이었습니다. 주님은 '사탄이 하늘로부터 번개 같이 떨어지는 것을 내가 보았노라'눅 10:18고 말씀하셨습니다. 영성훈련을 주저하지 않으며 마귀나 귀신들의 환영을 두려워하지 않는 법을 배우려면 '내가 너희를 위하여 이 일에 나와 아볼로를 들어서 본을 보였다'고전 4:6고 한 사도 바울의 말을 기억하십시오."

41. "나는 어리석은 자가 되어 이러한 일들을 묘사했습니다. 이것은 거짓말이 아니니 나를 믿으십시오. 여러분 자신을 보호하고 담대함을 얻으려면 이 말을 받아들이십시오. 언젠가 누가 수실 문을 두드려서 나가 보니 키가 크고 거대한 사람이 서 있었습니다. '당신은 누구십니까?'라고 물었더니, 그 사람은 '나는 사탄이다'라고 대답했습니다. 내가 '너는 여기에서 무엇을 하고 있느냐?'라

고 물었더니, 그는 '왜 수도사들과 기독교인들은 이유 없이 나를 비방하느냐? 왜 그들은 매시간 나를 저주하느냐?'라고 물었습니다. 나는 '너는 왜 그들을 괴롭히느냐?'라고 물었습니다. 그는 이렇게 대답했습니다: '나는 약해졌다. 그렇기 때문에 내가 그들을 괴롭히는 것이 아니라 그들이 스스로를 괴롭히는 것이다. 그들은 "원수가 끊어져 영원히 멸망하였사오니 주께서 무너뜨린 성읍들을 기억할 수 없나이다"시 9:6라는 말씀을 읽지 않았느냐? 이제 나에게는 장소도 없고 무기도 없고 성읍도 없다. 사방에 기독교인들이 있고, 사막에도 수도사들이 가득하다. 그들로 하여금 이유 없이 나를 비난하지 말고 자신을 살피게 하거라!' 그때 나는 주님의 은혜에 놀라면서 '너는 항상 거짓말만 하며 진리를 말하지 않는다. 너는 의도하지 않았지만 이번에는 진실을 말했다. 그리스도께서 오셔서 너를 약하게 만드시고 쓰러뜨리신 후에 무력하게 만드셨기 때문이다.' 사탄은 구주의 이름을 듣자마자 불로 지지는 것 같은 아픔을 참지 못하여 눈앞에서 사라졌습니다."

42. "마귀가 스스로 아무것도 행할 수 없다는 것을 고백해도, 우리는 마귀와 귀신들을 멸시해야 합니다. 원수는 부하들과 함께 지금까지 내가 묘사한 것과 같은 배반 행위를 행하지만, 우리는 그들이 약하다는 것을 알기 때문에 그들을 멸시할 수 있습니다.

그러므로 낙심하거나 영적으로 공포를 느끼거나 스스로 두려움을 만들어 내면서 '귀신이 와서 나를 쓰러뜨리거나 갑자기 내 곁에 서서 나를 혼란에 빠뜨리면 어떻게 하지?'라고 말하지 마십시오. 이런 생각들을 받아들이지 말며, 멸망하는 사람들처럼 슬퍼하지 마십시오. 우리는 구속함을 받은 사람들처럼 담대하며 항상 즐거워해야 합니다. 또 주님이 우리와 함께 계시면서 귀신들을 패배시키시고 헛된 것으로 만드신다는 것을 생각하십시오. 주께서 우리와 함께 계시는 동안에는 원수들이 우리에게 아무것도 행하지 못한다는 것을 이해하고 마음에 새기십시오. 원수들의 행동은 그들이 우리 안에서 발견하는 상태에 상응합니다. 원수들은 우리의 생각들을 본떠 환영들을 만들어 냅니다. 그들은 우리가 겁에 질리거나 괴로워하는 것을 발견하면, 방어되지 않는 장소를 찾아냈기 때문에 즉시 강도들처럼 공격합니다. 우리의 마음이 이리저리 바뀌는 것은 원수들이 행하는 것입니다. 원수들은 우리가 겁에 질려 두려워하는 것을 보면 한층 더 두려운 위협들이나 환영들로 고통하는 영혼을 벌합니다. 그러나 우리가 주님 안에서 기뻐하고 장차 임할 선한 일들을 생각하고 주님과 관련된 것들을 묵상하며, 모든 것이 주님의 수중에 달려 있으며 귀신에게는 기독교인을 대적할 힘이 없고 지배할 권위도 없다는 사실을 깊이 묵상하면서 영혼이 그러한 생각들의 보호를 받고 있다는 것을 발견하면 원수들은 부끄러워 도망칩니다. 이런 까닭에 원수는 욥이 강력하게 보호받고 있는 것을 보고서 그를 떠나갔지만, 유다가 이런 생각들로 무장하지 못한 것을 발견하고서 그를 사로잡았습니다. 그러므로 원수를 멸시하려면 영혼은 항상 주님과 관련된 일들을 묵상하며 소망을 가지고 기뻐해야 합니다. 그때에 우리는 귀신들의 기괴한 행동이 연기와 같음을 볼 것이며, 또 귀신들이 우리를 추적하기는커녕 도망치는 것을 발견할 것입니다. 앞에서 말했듯이 귀신들은 매우 비겁하며 항상 자기들을 위해 예비되어 있는 불을 기다립니다."

43. "우리는 다음과 같은 확실한 표식을 가지고 있기 때문에 귀신들을 두려워할 필요가 없습니다. 흰영이 나타날 때에 두려워하거나 의기소침하지 마십시오. 어떤 환영이 나타나든지 먼저 담대하게 '너는 누구이며 어디서 왔느냐?'라고 물으십시오. 만일 그것이 거룩한 자들의 환영이라면, 그들은 우리에게 충만한 확신을 주며 두려움을 기쁨으로 바꾸어 줄 것입니다. 그러나 만일 나타난 것이 악한 자라면, 그것은 우리의 영이 얕잡을 수 없이 강력하다는 것을 발견하는 즉시 약해질 것입니다. 단순히 '너는 누구이며 어디에서 왔느냐?'고 하는 질문은 우리의 침착함을 증거해 줍니다. 그렇기 때문에 눈의 아들 여호수아가 질문했을 때 원수는 모

습을 드러냈고^{수 5:13}, 다니엘이 질문했을 때에 원수의 정체가 드러났습니다."

44. 안토니의 말을 듣고서 모두가 기뻐했다. 어떤 사람에게서는 덕을 향한 사랑이 증가했고, 어떤 사람의 내면에서는 부주의함이 사라졌고, 어떤 사람에게서는 자만심이 사라졌다. 모두가 마귀와의 공모를 미워해야 한다고 확신했고, 주께서 영 분별을 위해 안토니에게 주신 은혜에 놀라워했다. 언덕에 있는 그들의 수실들은 마치 하늘 합창단으로 가득한 천막들 같았다. 사람들은 장차 은혜받기를 바라면서 찬송하고 공부하고 금식하고 기도하고 기뻐했으며, 구제하기 위해 일하고, 서로 조화를 이루고 사랑했다. 그것은 마치 자기 소유의 땅, 의와 헌신의 땅을 바라보는 것 같았다. 그곳에는 범죄자나 불의의 희생자가 없었고, 세리에 대한 불평도 없었다. 그곳에는 많은 금욕 고행자들이 있었지만 모두가 한 마음으로 덕에 집중했다. 그렇기 때문에 다시 수실들 및 수도사들의 질서 정연함을 바라보는 사람은 감동하여 "야곱이여 네 장막들이, 이스라엘이여 네 거처들이 어찌 그리 아름다운고 그 벌어짐이 골짜기 같고 강가의 동산 같으며 여호와께서 심으신 침향목들 같고 물가의 백향목들 같도다"^{민 24:5-6} 라고 말하였다.

45. 그 후에 안토니는 홀로 수실로 돌아가서 수도생활에 전력을 기울였다. 그는 하늘나라의 거처를 묵상하고 동경하며, 또 인간의 덧없는 생활을 묵상하면서 날마다 탄식했다. 안토니는 음식을 먹거나 잠을 자는 등 육체적 욕구를 충족시키려 할 때에는 영혼의 지적인 부분을 생각할 때처럼 부끄러워했다. 종종 영적 양식을 상기하면서 다른 수도사들과 함께 음식을 먹으려 할 때면, 자신이 음식 먹는 것을 사람들에게 보이는 것이 부끄러워서 양해를 구하고 약간 떨어진 곳으로 갔다. 물론 그는 육체적으로 필요한 때에 홀로 음식을 먹었지만, 종종 형제들을 존중하여 함께 음식을 먹으면서 그들에게 담대하게 조언해 주었다. 그는 시간을 육신이 아닌 영혼에 바쳐야 한다고 말하곤 했다. 또 어쩔 수 없이 육신에 약간의 시간을 할애해야 하지만 대부분의 시간을 영혼에 할애하여 영혼의 유익을 구하며, 영혼이 육적인 쾌락에 끌려가지 못하게 하며 육신이 영혼에 복종하게 하라고 촉구했다. 왜냐하면 그것이 주께서 다음과 같이 말씀하시면서 요구하신 것이기 때문이었다: "너희 목숨을 위하여 무엇을 먹을까 몸을 위하여 무엇을 입을까 염려하지 말라…너희는 무엇을 먹을까 무엇을 마실까 하여 구하지 말며 근심하지도 말라 이 모든 것은 세상 백성들이 구하는 것이라 너희 아버지께서는 이런 것이 너희에게 있어야 할 것을 아시느니라 다

만 너희는 그의 나라를 구하라 그리하면 이런 것들을 너희에게 더하시리라"눅 12:22, 29-31.

46. 그 후 막시무스 황제 때에 교회에 대한 박해가 시작되었다. 순교자들이 알렉산드리아로 끌려갈 때에 안토니는 수실에서 나와 그들을 따라가면서 "우리도 가서 싸움에 참여하거나 싸우는 사람들을 바라봅시다"라고 말했다. 그는 순교를 열망했지만 자신을 적에게 넘겨주고 싶지 않았기 때문에(복음서에서는 신앙으로 인해 핍박을 받을 때 저항하지 않고 목숨을 내어주는 사람을 순교자라고 가르치지 않았다고 그들은 생각했다) 광산과 감옥에서 고백자들(신앙을 지킨 사람들)을 보살폈다. 그는 법정에 불려나온 사람들의 마음을 준비시키고 순교를 마칠 때까지 그들과 함께했다. 안토니 및 그와 함께 하는 사람들의 담대함을 본 재판관은 수도사들에게 법정에 출두하지 말며 도시에 머물지 말라고 명령했다. 그날 사람들은 모두 숨는 것이 지혜롭다고 생각했지만, 안토니는 이 명령을 진지하게 받아들여 상의를 빨고 다음 날 장관이 분명히 볼 수 있도록 눈에 뜨이는 장소에 섰다. 모두가 이 모습에 놀라고 있을 때, 장관은 수행원들을 거느리고 지나가다가 안토니가 기독교인들의 특징인 과단성을 증명하면서 서있는 모습을 보았다. 앞에서 말했듯이 안토니는 순교를 위해 기도했었다. 그러므로 그는 순교하지 못하여 슬퍼하는 사

람처럼 보였다. 주님은 안토니가 성경에서 배운 계율을 사람들에게 가르치는 교사가 되도록 하기 위해서 안토니를 보호하고 계셨다. 많은 사람들은 그의 행동을 보기만 해도 그의 생활방식을 모방하기를 열망했다. 안토니는 늘 하던 대로 신앙고백자들을 섬겼고, 그들과 함께 묶여 있는 사람처럼 그들을 섬기면서 고난을 받았다.

47. 마침내 박해가 끝났다. 피터 감독[2]이 증언을 한 후에, 안토니는 알렉산드리아를 떠나 수실로 돌아갔다. 그는 날마다 양심의 시달림을 받으며 믿음의 싸움을 했다. 그는 한층 더 수도생활에 전념했다. 항상 금식했고, 안에 거친 털을 댄 고행복을 죽을 때까지 입었다. 또 그는 목욕을 하지 않았고 발을 전혀 씻지 않았는데, 필요한 경우가 아니면 두 발을 물에 담그지도 않았다. 그가 죽어 매장될 때 외에는 아무도 그가 벌거벗은 것을 보지 못했다.

48. 안토니는 은둔하면서 외출하거나 손님을 맞지 않고 지내기로 결심했는데, 마르티니아누스라는 장교가 찾아와서 성가시게

---

[2] 피터 감독은 300년, 혹은 301년부터 311년에 참수될 때까지 알렉산드리아의 감독으로 활동하다가 순교했다. 피터가 박해 기간 동안 알렉산드리아를 떠나있었기 때문에 리코폴리스의 감독이었던 멜리티우스가 감독직을 맡았고, 그로인해 멜리티우스의 이름과 관련된 논쟁이 야기되었다.

했다. 그 장교는 귀신에게 시달리고 있는 딸을 위해 기도해 달라고 부탁하면서 오랫동안 떠나지 않고 수실 문을 두드렸다. 안토니는 문을 열지 않고 위에서 내려다보면서 "왜 나에게 소리칩니까? 나도 당신과 같은 사람입니다. 내가 섬기는 그리스도를 당신이 믿는다면, 가서 당신이 믿는 방식으로 하나님께 기도하십시오. 그러면 당신의 기도가 이루어질 것입니다"라고 말했다. 장교는 믿고 그리스도께 기도하면서 그곳을 떠났으며, 그의 딸은 귀신에게서 놓임을 받았다. "구하라 그러면 너희에게 주실 것이요"눅 11:9라고 말씀하신 주님은 안토니를 통해서 많은 일을 행하셨다. 안토니는 수실 문을 열지 않았지만, 고통을 받는 많은 사람들은 단지 그의 수실 밖에서 여러 날을 지내면서 믿고 신실하게 기도하여 나음을 받았다.

49. 안토니는 자신이 의도하고 원했던 대로 은둔생활을 하지 못하고 많은 사람들의 방해를 받게 되자, 주님이 자신을 통해서 행하시는 일들 때문에 교만해지거나 사람들이 자신을 필요 이상으로 존경하게 될까 염려했다. 그리하여 그는 신중하게 고려한 후에 사람들이 자신을 알아보지 못하는 상부 테베로 떠났다. 그는 형제들에게서 빵을 받은 후에 배를 타고 떠나려고 강둑에 앉아서 배가 오는지 바라보고 있었다. 그때 위로부터 "안토니야, 너는 왜 어디

로 가려 하느냐?"라는 음성이 들려왔다. 안토니는 이런 식의 음성을 듣는 데 익숙해져 있었기 때문에 음성을 들은 후에 다음과 같이 대답했다: "사람들은 내가 홀로 있도록 내버려두지 않을 듯합니다. 이곳에서 나를 에워싸고 성가시게 하는 사람들 때문에, 그리고 특히 그들이 내 능력이 닿지 않는 일들을 요구하기 때문에 이곳을 떠나 상부 테베로 가고 싶습니다." 그러나 그 음성은 이렇게 말했다: "네가 테베로 간다 해도, 또 묵상하면서 나일강 삼각주의 습지로 내려간다고 해도 두 배 이상 수고해야 할 것이다. 네가 참으로 홀로 있기를 원한다면, 산 속으로 더 깊이 들어가거라." 안토니는 "나는 길을 알지 못하는데 누가 길을 안내해 줍니까?"라고 물었다. 그때 그곳으로 여행하려 하는 사라센인들이 안토니의 시야에 들어왔다. 안토니는 그들에게 다가가서 함께 사막으로 가게 해 달라고 부탁했다. 하나님의 섭리로 그들은 안토니를 환영했다. 안토니는 그들과 함께 사흘 동안 여행하여 아주 높은 산에 도착했다. 산 밑에는 매우 깨끗하고 차가운 물이 있고, 산 너머에는 평야와 돌보는 사람이 없는 대추야자 나무 몇 그루가 있었다.

50. 하나님의 감동을 받은 듯 안토니는 그곳을 사랑했다. 왜냐하면 그곳은 강둑에서 들려온 음성이 지적한 장소였기 때문이었다. 안토니는 함께 여행한 동료들에게서 빵 몇 덩이를 받은 후에 홀로

산에 남았다. 안토니는 그때부터 그곳을 자기 집으로 생각하고서 지냈다. 안토니의 열정에 감동을 받은 사라센 사람들은 그 길로 여행하면서 빵을 가져다 주곤 했다. 안토니는 대추야자 나무에게서도 약간의 도움을 받았다. 얼마 후에 그곳을 알게 된 형제들은 마치 아버지를 배려하는 자식들처럼 안토니에게 물건을 보내려 했다. 그러나 안토니는 그곳에 있는 몇몇 형제들이 빵 때문에 부담을 느끼고 어려움을 당하고 있다는 것을 알고서 자기를 찾아오는 몇몇 사람들에게 호미와 도끼와 약간의 곡식을 가져오라고 부탁했다. 그런 후에 그는 산 주위의 땅을 조사하여 알맞은 약간의 땅을 발견하고 갈아 일군 다음 샘에서 흐르는 넉넉한 물을 그곳으로 끌어왔다. 매년 이렇게 경작하여 빵 문제를 해결했기 때문에 그는 그 문제로 다른 사람을 괴롭히거나 부담을 주지 않게 되어 기뻐했다. 후일 안토니는 자기를 찾아오는 방문객들의 여행의 피로를 풀어 주기 위해서 약간의 채소를 경작했는데, 처음에는 물을 마시러 온 들짐승들이 안토니가 가꾼 채소와 곡식을 해치곤 했다. 안토니는 짐승들 중 한 마리를 붙들고서 나머지 짐승들에게 "나는 너희들에게 전혀 피해를 주지 않는데, 너희들은 왜 나에게 해를 끼치느냐? 이곳을 떠나가거라. 주님의 이름으로 명령하겠다. 다시는 이곳 근처에도 오지 말아라"고 말했다. 들짐승들은 마치 그 명령을 두려워하는 듯 다시는 그곳에 가까이 오지 않았다.

51. 안토니는 산 속에서 홀로 기도와 영적 훈련에 몰두했다. 이제 안토니가 늙었기 때문에, 시중을 드는 형제들은 매달 그를 찾아올 때에 올리브와 콩과 기름을 가져오면 어떻겠느냐고 물었다. 안토니를 방문했던 사람들이 전하는 바에 의하면, 안토니는 그곳에서 지내는 동안 혈과 육뿐만 아니라 귀신들을 대적하며 씨름했다고 한다. 그들은 그곳에서 떠들썩한 소음, 무기 소리와 같이 두려운 소리를 들었고, 또 밤에는 산에 들짐승들이 들끓는 것을 보았다. 그들은 안토니가 마치 눈에 보이는 것들을 대적하는 듯이 고투하며 기도하는 것을 지켜보았다. 안토니는 자기를 찾아오는 사람들을 격려했으며, 동시에 무릎을 꿇고 주께 기도하면서 싸웠다. 놀랍게도 그는 이렇게 황량한 곳에서 홀로 지내면서도 공격해 오는 귀신들로 인해 분심되지 않았고, 들짐승들과 뱀들이 출몰해도 두려워하지 않았다. 그는 성경에서 말하는 것처럼 여호와를 의지하여 마음이 시온 산처럼 흔들리지 않았기 때문에 귀신들은 도망쳤고 짐승들은 안토니와 화목하게 지냈다.

52. 마귀는 이를 갈면서 안토니를 지켜보았다. 그러나 주께서 위로하셨기 때문에 안토니는 마귀의 여러 가지 책략에 영향을 받지

않았다. 밤중에 안토니가 잠들지 못하고 있을 때에 마귀는 짐승들을 출몰시켰다. 그 광야에 사는 거의 모든 하이에나들이 동굴에서 나와 안토니를 둘러쌌다. 하이에나들이 이를 드러내고 안토니를 물려고 했을 때, 마귀의 방식을 잘 알고 있는 안토니는 그 짐승들에게 이렇게 말했다: "만일 너희들이 나를 지배할 권세를 받았다면 기꺼이 너희들에게 잡아먹히겠다. 그러나 만일 너희들을 보낸 자가 귀신들이라면 즉시 물러가거라. 왜냐하면 나는 그리스도의 종이기 때문이다." 안토니가 이렇게 말하니, 짐승들은 마치 채찍에 몰리듯이 도망쳤다.

53. 안토니는 바구니를 짜서 사람들이 가져온 물건과 교환하곤 했다. 이 일이 있고 나서 며칠 후에 안토니가 바구니를 짜고 있는데, 누군가가 문 앞에서 바구니와 연결되어 있는 실 가닥을 잡아당겼다. 일어서 보니 머리부터 넓적다리까지는 사람을 닮았고 다리와 발은 나귀를 닮은 짐승이 서 있었다. 안토니는 "나는 그리스도의 종이다. 너는 나를 공격하기 위해 보냄을 받았느냐? 그래 나를 공격해 보거라"라고 말했다. 이 말을 듣고 그 짐승은 귀신들과 함께 서둘러 도망치다가 넘어져 죽었다. 그 짐승의 죽음은 곧 귀신들의 몰락이었다. 귀신들은 안토니를 광야에서 몰아내기 위해 온갖 짓을 했지만 무력하여 성공하지 못했다.

54. 언젠가 수도사들은 안토니에게 잠시 돌아와서 자기들을 감독하고 지도해 달라고 요청했다. 안토니의 수실이 있는 산 속을 제외하고는 사막에 물이 없었기 때문에 안토니는 여행하면서 먹을 빵과 물을 낙타에 싣고서 자기를 찾아온 수도사들과 함께 길을 떠났다. 도중에 날씨가 몹시 더워졌고 물이 떨어져서 모두의 목숨이 위태롭게 되었다. 물을 얻으려고 여러 곳으로 다녀보았지만 허사였다. 더 이상 여행할 수 없게 된 그들은 절망하여 낙타를 쉬게 할 겸 땅바닥에 누웠다. 안토니는 위험에 처한 일행이 낙심하여 한숨을 쉬고 있는 것을 보고서 그들에게서 조금 떨어진 곳으로 가서는 무릎을 꿇고 두 손을 펴고 기도했다. 그 즉시 주님은 안토니가 기도하는 곳에서 물이 솟아나게 하셨고, 그들은 물을 마시고 기운을 치렸다. 그들은 가죽부내에 물을 가늑 채운 후에 낙타를 찾아 나섰는데, 낙타의 고삐가 바위에 감겨 있었다. 그들은 낙타를 데려와서 물을 마시게 한 후에 낙타 등에 물 부대를 싣고서 여행을 계속하여 무사히 마쳤다. 안토니가 수도원 외곽에 도착한 것을 본 형제들은 마치 아버지를 맞이하듯이 나아가 그를 얼싸안았다. 안토니는 마치 산에서 양식을 가져온 사람처럼 말하며 형제들을 위로하고 도와주었다. 안토니는 그들의 믿음을 격려해 주었다. 그곳에는 영성생활의 진보를 향한 열정과 기쁨이 가득했다. 안토

니는 수도사들의 열심을 보았고 또 자기의 누이동생이 순결생활을 유지하면서 다른 처녀들을 지도하는 것을 보았기에 기뻐했다.

55. 며칠 후에 안토니는 다시 자기의 거처로 돌아갔다. 그 후 많은 사람들이 그를 찾아왔는데, 어떤 병자는 담대하게 안토니에게 접근했다. 안토니는 자기를 찾아오는 수도사들에게 항상 다음과 같은 동일한 메시지를 전했다: 즉 주님을 믿고 사랑하며, 육체의 음란한 생각과 쾌락으로부터 자신을 지키며, 허영을 피하고, 항상 기도하며, 잠들기 전후에 거룩한 노래를 부르며, 성경의 교훈을 마음에 새기며, 성인들의 행위를 마음에 둔다면 항상 계명을 기억하는 영혼이 그들의 열심을 보고 가르침을 받을 것이라고 말했다. 특히 분을 내어도 죄를 짓지 말며 해가 지도록 분을 품지 말라엡 4:26는 사도 바울의 말을 실천하라고 권했다. 안토니는 계속해서 말했다: "우리는 낮에 행한 악 때문에 태양의 정죄를 받지 말아야 하며, 밤에 품은 생각들로 인해 달의 정죄를 받지 말아야 합니다. '너희 자신을 시험하고 너희 자신을 확증하라'고후 13:5는 사도의 말을 듣고 순종해야 합니다. 날마다 자신이 낮과 밤에 행한 것들을 열거해야 하며, 혹시 죄를 지은 사람은 그 행동을 멈추어야 합니다. 죄를 짓지 않은 사람은 자랑하지 마십시오. 부주의하지 말고 꾸준히 선을 행하며, 이웃을 정죄하지 마십시오. 바울의 말처럼

'사람들의 은밀한 것을 심판하시는' 주님이 오시지 않는 한 스스로 의롭다 하지 말아야 합니다. 종종 우리는 자신이 행하는 것들을 의식하지 못하지만 주님은 모든 것을 알고 계십니다. 그러므로 판단은 주께 맡기고 이웃의 짐을 대신 져 주며 긍휼을 베풀어야 합니다. 한편 우리는 자신을 성찰하여 부족한 것들을 서둘러 보완해야 합니다. 이 말이 경계가 되어 우리가 죄를 짓지 않게 되기를 바랍니다. 우리는 마치 보고서를 제출하듯이 자신의 행동들과 영혼의 움직임을 기록해야 합니다. 그리하면 그것들을 알리는 것이 부끄러워서 죄를 짓지 않을 것이며 악한 것을 생각하지 않을 것입니다. 자신의 죄짓는 모습이 발각되기를 원하는 사람은 없기 때문입니다. 또 죄를 지은 사람은 그것이 알려지지 않게 하려고 거짓말을 하러 할 것입니다. 그러므로 우리가 서로를 지킨다면 간음하지 못하듯이, 서로에게 보고하는 듯이 자신의 생각들을 기록한다면 더러운 생각들이 알려지는 것이 부끄러워서 그러한 생각들로부터 자신을 지킬 것입니다. 이렇게 기록하는 습관이 동료 고행자들의 시선을 대신하게 된다면, 우리는 결코 악한 일에 몰두하지 않을 것입니다. 이런 식으로 자신을 형성해 나간다면, 육체를 제어할 수 있을 뿐만 아니라 주님을 기쁘시게 하며 원수의 속임수를 무시할 수 있을 것입니다."

56. 안토니는 만나는 사람들에게 위와 같이 가르쳤다. 또 그는 병자들을 불쌍히 여기며 함께 기도했다. 주님은 종종 안토니가 사람들을 위해 드리는 기도를 들어주셨다. 안토니는 자신의 기도가 받아들여질 때에 자만하지 않았고, 받아들여지지 않을 때에 투덜대지 않았다. 그는 항상 주께 감사했다. 그는 병자들에게 치유가 자신이나 사람들에게 속한 것이 아니라 원하시는 때에 원하시는 사람들을 위해 치유를 행하시는 하나님에게 속한 것임을 알고 인내하라고 권했다. 병자들은 안토니의 말을 치유로 여겨 받아들였고, 병에 집착하지 않고 인내하는 법을 배웠다. 병 나음을 받은 사람들에게는 안토니에게 감사하지 말고 하나님에게 감사하라고 가르쳤다.

57. 중병을 앓아 시력을 거의 잃은 프론토라는 왕족이 안토니를 찾아와서 자기를 위해 기도해 달라고 간청했다. 안토니를 그를 위해 기도한 후에 "이곳을 떠나십시오. 그러면 당신의 병이 나을 것입니다"라고 말했다. 그러나 그는 상태가 계속 악화되었기 때문에 며칠 동안 그곳에 머물렀다. 그런데도 안토니는 계속 "이곳에 머물러 있으면 병이 낫지 않을 것입니다. 이곳을 떠나십시오. 이집트에 도착하면 당신에게 기적이 이루어졌다는 것을 알게 될 것입니다"라고 말했다. 그는 안토니의 말을 믿고서 그곳을 떠났다. 안

토니가 기도하는 동안에 주님이 하신 말씀대로, 이집트에 도착하였을 때에 그의 고통은 사라졌고 그는 다시 건강해졌다.

58. 트리폴리의 부시리스에 끔찍하고 소름끼치는 병을 앓는 소녀가 있었다. 그 소녀의 눈물과 귀에서 흘러나오는 고름이 땅에 떨어지는 즉시 벌레로 변했다. 게다가 소녀의 몸은 마비되었고 두 눈도 온전하지 못했다. 소녀의 부모는 주님이 혈우병 앓는 여인을 고쳐 주셨다는 것을 믿고 있었다. 그들은 수도사들이 안토니에게 가려는 것을 알고서 딸을 데리고 함께 가게 해 달라고 부탁했고, 수도사들은 그들의 부탁을 들어주었다. 소녀와 그 부모는 수도사인 파프누티우스와 함께 안토니가 수도하는 산 외곽에 머물렀고, 나머지 사람들은 산 속으로 들어갔다. 그들이 안토니에게 소녀에 대해 말하려 했을 때, 안토니는 소녀가 병을 앓고 있으며 어떻게 해서 그들과 함께 그곳까지 왔는지 이야기했다. 그들은 소녀와 부모를 들어오게 해 달라고 부탁했지만 안토니는 허락하지 않고 이렇게 말했다: "돌아가 보십시오. 소녀의 병이 나았을 것입니다. 그러나 그 아이의 병이 나은 것은 내 행위가 아니며, 소녀가 나를 찾아왔기 때문도 아닙니다. 그것은 구하는 사람들에게 자비를 베푸시는 주님의 역사입니다. 주님은 소녀의 기도를 들어주셨고, 지금 소녀가 머물고 있는 곳에서 병을 치료해 주시리라는 것을 나에게

보여 주셨습니다." 실제로 기적이 일어났다. 그들이 소녀의 일행이 있는 곳으로 가보니 소녀는 병이 완전히 나았고 그 부모는 기뻐하고 있었다.

59. 언젠가 두 형제가 안토니가 있는 곳으로 가던 중에 물이 떨어져서 그중 한 사람은 죽고 나머지 한 사람은 거의 죽어가고 있었다. 목숨이 붙어 있는 사람은 더 이상 여행할 힘이 없었기 때문에 땅바닥에 앉아서 죽기만 기다리고 있었다. 한편 산 속에서 지내던 안토니는 마침 그곳에 머물고 있던 수도사 두 사람을 불러 "물동이를 가지고 이집트로 가는 길로 가 보세요. 두 사람이 이곳으로 오다가 한 사람은 이미 목숨을 잃었습니다. 당신들이 서둘러 가지 않으면 나머지 한 사람도 곧 죽을 것입니다. 조금 전 기도하는 동안에 이 계시를 받았습니다"라고 말했다. 수도사들은 안토니의 말대로 물동이를 들고 길을 떠나 꼬박 하룻길을 갔다. 그들은 이미 죽은 사람을 발견하여 땅에 묻어 주었고, 나머지 한 사람은 물을 먹여 소생시킨 후에 안토니에게로 데려왔다. 안토니가 두 사람 중 한 사람이 죽기 전에 자신이 받은 계시를 말하지 않은 이유를 알려는 것은 잘못된 시도일 것이다. 왜냐하면 죽음의 심판은 안토니가 내린 것이 아니라 하나님이 행하신 것이기 때문이다. 하나님은 전자에게는 죽음의 심판을 내리시고, 나머지 한 사람에 관

해서는 환상을 보여 주신 것이다. 안토니가 산 속에 앉아 있는 동안에 방심하지 않고 깨어 있었기 때문에 이처럼 놀라운 일이 그에게 발생하여 주님이 멀리서 일어난 일을 그에게 보여 주신 것이다.

60. 언젠가 안토니가 산 속에 앉아서 하늘을 올려다보니 어떤 사람이 공중으로 이끌려 올라가고 있었고 그를 만난 사람들에게서는 큰 기쁨이 흘러나왔다. 안토니는 크게 놀라 감사 찬송을 하면서 그 환상의 의미를 알려 달라고 기도했다. 즉시 그것이 니트리아Nitria에서 살고 있던 아문Amun 수도사의 영혼이라는 음성이 들려왔다. 아문은 늙기까지 계속 영성훈련을 실천해왔었다. 안토니가 지내는 산에서 니트리아까지는 13일 동안 여행해야 하는 거리였다. 안토니가 놀라움에 빠져 있는 것을 보고서 함께 있던 사람들이 그 이유를 물었더니, 안토니가 아문이 방금 세상을 떠났다고 대답했다. 아문은 자주 그곳을 방문했기 때문에 그들에게 잘 알려져 있었다. 또 그를 통해서 많은 놀라운 일들이 발생했었는데, 그 중에 다음과 같은 일이 있었다: 언젠가 아문이 리쿠스Lycus강을 건너야 했다. 마침 홍수로 강물이 불어 있었기 때문에 옷을 벗고 헤엄을 쳐서 강을 건너야 했다. 그는 동행하던 테오돌Theodore에게 서로의 벌거벗은 몸을 보지 않도록 멀리 떨어져서 가라고 말했다. 그는 테오돌이 멀어진 후에도 자기 자신이 벌거벗은 것을 보

고서 부끄러워했고 창피함과 불안을 느꼈다. 그런데 갑자기 그는 반대편 해안으로 옮겨졌다. 강 건너편에 도착한 테오돌은 먼저 도착한 아문의 몸이 조금도 젖지 않은 것을 보고서 강 건너는 법을 가르쳐 달라고 부탁했다. 아문은 아무 말도 하지 않으려 했지만, 테오돌은 아문의 다리를 붙들고서 무슨 일이 있었는지 말해 주지 않으면 결코 놓아 주지 않겠다고 위협했다. 테오돌의 결심이 단호한 것을 본 아문은 자기가 죽을 때까지 아무에게도 말하지 않겠다고 약속하라고 요구했다. 그런 후에 자기 몸이 공중으로 떠오르더니 강 건너편으로 옮겨졌다는 것, 그리고 자신이 물 위를 걸은 것이 아니라는 것(이 일은 주님 및 베드로의 경우처럼 주님의 허락을 받은 사람에게만 가능하기 때문이다)을 설명했다. 테오돌은 아문이 죽은 후에 이 일을 이야기했다.

안토니에게서 아문이 죽었다는 말을 들은 수도사들은 그가 죽은 날짜를 기록해 두었다. 13일 후에 니트리아에서 형제들이 도착했을 때에 이 수도사들은 그들에게 질문하여 안토니가 아문의 영혼이 하늘로 올라가는 것을 보았던 날, 바로 그 시간에 아문이 죽었다는 것을 알게 되었다. 그들을 비롯하여 모든 사람들은 안토니의 영혼의 순수함-먼 곳에서 발생한 일을 즉각적으로 알았다는 것, 그리고 영혼이 하늘로 올라가는 것을 보았다는 것-에 놀랐다.

61. 언젠가 아르켈라우스Archelaus 백작이 산 아래서 안토니를 만났다. 그는 안토니에게 라오디게아에 사는 훌륭한 기독교인 처녀 폴리크라티아Polycratia를 위해 기도해 달라고 부탁했다. 그 처녀는 지나친 금욕생활 때문에 위와 옆구리에 매우 큰 고통을 느꼈고 온 몸이 쇠약해져 있었다. 안토니는 그 처녀를 위해 기도했고, 백작은 그 날짜를 기록해 두었다. 백작이 라오디게아로 돌아가 보니 처녀는 건강해져 있었다. 백작은 언제 건강이 회복되었는지 물으면서 안토니가 기도한 날짜를 기록해둔 종이를 꺼냈다. 그는 자신이 종이에 기록해 둔 것을 사람들에게 보여 주었는데, 안토니가 그 처녀를 위해 기도한 바로 그 때에 주님이 그녀를 고통에서 해방시켜 주셨다는 것을 알고 놀랐다.

62. 안토니는 어떤 사람이 언제 무슨 이유로 자기를 찾아올 것인지를 예고하기도 했다. 실제로 단순히 그를 만나기 위해서 찾아오는 사람도 있었고, 병 때문에 찾아오는 사람도 있었고, 또 귀신들에게 시달리고 있기 때문에 찾아오는 사람들도 있었다. 이런 사람들은 모두 안토니를 만나기 위해 여행하는 것을 성가신 일이나 손해로 여기지 않았고 모두 유익을 느끼면서 집으로 돌아갔다. 안토니는 그러한 일들을 말하고 보았지만, 사람들에게 자신에게 경탄하지 말고 주님을 찬양하라고 부탁했다. 왜냐하면 우리가 주님을

알 수 있는 능력에 비례하여 주님이 우리에게 은총을 나타내셨기 때문이다.

63. 언젠가 안토니는 수도사들이 모여 수도하는 곳으로 내려갔다. 수도사들은 안토니에게 배를 타고 함께 기도하자고 부탁했는데, 안토니는 배에서 끔찍하고 매우 자극적인 악취를 맡았다. 배에 탄 사람들은 배 안에 생선과 말린 고기가 있기 때문에 악취가 난다고 말했지만, 안토니는 그 악취가 다른 곳에서 나는 것이라고 주장했다. 안토니가 말하고 있는 동안에 안토니보다 먼저 배에 타서 숨어 있던 귀신 들린 청년이 갑자기 소리를 질렀다. 안토니가 주 예수 그리스도의 이름으로 책망하니 귀신은 떠나가고 청년은 건강을 회복했다. 사람들은 그 악취가 귀신에게서 난 것이었음을 깨달았다.

64. 귀신에게 시달리고 있는 귀족이 안토니를 찾아왔다. 그 귀신은 매우 무서웠기 때문에 귀족은 자신이 안토니에게로 가고 있다는 것을 알지 못했다. 그는 자신의 대변을 먹을 정도로 상태가 좋지 못했다. 사람들은 그를 안토니에게 데리고 와서 기도해 달라고 부탁했다. 안토니는 그 젊은 귀족을 불쌍히 여겨 밤새도록 함께 있으면서 기도했다. 새벽이 되었을 때 그 귀족이 갑자기 뛰어올라

안토니를 떠밀었다. 그를 데리고 온 사람들은 그에게 화를 냈지만 안토니는 "이 청년에게 화를 내지 마십시오. 책임은 이 청년에게 있는 것이 아니라 그의 안에 있는 귀신에게 있습니다. 그 귀신이 비방을 받고 불모지로 추방되었기 때문에 격분하여 이런 행동을 한 것입니다. 주님을 찬미하십시오. 이런 식으로 나를 공격한 것은 곧 귀신이 떠나갔다는 증거가 되었습니다"라고 말했다. 안토니가 이 말을 마치자 청년은 곧 정상을 회복했다. 의식이 돌아와 자신이 어디에 있는지 깨달은 청년은 안토니를 포옹했고 하나님에게 감사했다.

65. 많은 수도사들이 안토니를 통해서 이루어진 여러 가지 일에 대해서 이야기해 왔는데, 이야기들은 모두 일치하며 일관성을 지닌다. 그러나 이런 이야기들보다 한층 더 놀라운 일들이 있다. 언젠가 안토니는 제9시경에 식사를 하기 위해 일어나서 기도하려다가 자기 자신이 어디론가 끌려가는 것 같은 느낌을 받았다. 놀랍게도 그는 그곳에 서 있으면서 마치 자신이 자기 몸에서 벗어나 무엇인가에 의해서 공중으로 이끌려가는 듯이 자신의 모습을 내려다보았다. 다음에 그는 공중에 더럽고 무시무시한 것들이 서서 자신을 통과하지 못하게 잡아당기려 하는 것을 보았다. 안토니의 안내자들은 그것들과 싸우면서 이유를 알려 달라고 요구했다. 그

것들이 안토니가 태어난 이후의 삶에 대해 셈하려 했는데, 안토니의 안내자들은 그것들을 저지하면서 "주님은 이 사람이 태어난 이후의 모든 항목들을 깨끗이 씻어버리셨다. 너희들은 이 사람이 수도사가 되어 하나님에게 헌신한 이후의 일만 참작할 수 있다"고 말했다. 그들은 안토니의 죄목을 입증하지 못하여 고소를 취하한 듯이 방해하지 않고 길을 내주었다. 그때 안토니는 자기가 다시 자신에게로 가서 자신과 함께 서는 듯한 느낌을 받으면서 현실로 돌아왔다.

한번은 우리가 얼마나 많은 원수와 싸워야 하는지, 그리고 공중을 통과하려면 얼마나 많은 수고를 해야 하는지를 보고 놀라서 음식 먹는 것도 잊은 채 하루 종일 신음하며 기도했다. 그는 이것이 바로 사도 바울이 말한바 "공중의 권세 잡은 자를 따르는 것"엡 2:2임을 기억했다. 이 세상에서 원수는 통과하는 사람들을 저지하려 하고 싸움으로써 지배한다. 이런 까닭에 바울은 "하나님의 전신 갑주를 취하라 이는 악한 날에 너희가 능히 대적하고 모든 일을 행한 후에 서기 위함이라"엡 6:13라 권면했다. 우리는 "그가 몸 안에 있었는지 몸 밖에 있었는지 나는 모르거니와 하나님은 아시느니라"고후 12:3고 한 바울의 말을 기억해야 한다. 바울은 셋째 하늘로 이끌려가서 말로 표현할 수 없는 말을 듣고 돌아왔고 고후 12:4,

안토니는 자신이 공중에 올라가서 싸우다가 마침내 자유롭게 되는 모습을 보았다.

66. 안토니는 영적 은총도 소유하고 있었다. 안토니가 산에 홀로 있으면서 알지 못하는 것이 있어서 해답을 찾기 위해 기도하면 하나님의 섭리에 의해 해답이 계시되었다. 그는 성경에 기록된 것처럼 하나님의 가르침을 받는 복된 사람이었다 요 6:45. 후일 안토니는 자기를 찾아온 사람과 함께 이 세상을 떠난 영혼의 이동 및 소재지에 대해 대화를 했는데, 다음 날 밤에 하늘에서 어떤 사람이 그를 부르면서 "안토니야, 일어나서 밖으로 나가 보아라"하고 말했다. 그는 순종하면 복을 주시는 분이 누구이신지 알고 있었기 때문에 밖으로 나갔다. 그는 구름에 닿을 듯이 거대하고 추하고 무섭게 생긴 자와 마치 날개를 달고 있는 듯 위로 올라가고 있는 사람들을 보았다. 그 거대한 자는 두 손을 내밀어 그들 중 일부를 올라가지 못하게 했지만, 나머지 사람들은 위로 날아올라가 두려움 없이 그 거대한 자의 옆을 통과했다. 그 거대한 자는 통과한 사람들 때문에 이를 갈았고 올라가지 못한 자들 때문에 기뻐했다. 그때 안토니에게 "네가 본 것을 이해하거라!"라는 음성이 들려왔다. 하나님께서 안토니의 이해력을 열어 주셨기 때문에 안토니는 그것이 영혼들의 이동이며 그 거대한 자는 신자들을 시기하는 원수

라는 것을 이해했다. 그는 원수가 자신의 권위 아래 있는 자들을 붙잡아 이동하지 못하게 하지만 복종하지 않는 자들은 붙잡아둘 수 없다는 것을 깨달았다. 환상을 본 안토니는 그것을 기억하면서 날마다 앞에 있는 것을 향해 더욱 전진하려고 노력했다. 그는 기도하면서 많은 시간을 보냈고 이러한 환상들에 대해서는 자발적으로 이야기하지 않았다. 그러나 함께 있는 사람들이 끈질기게 질문하면서 조르면 마치 아버지가 자식들에게 감추지 못하듯이 어쩔 수 없이 털어놓았다. 한편 그는 이러한 이야기들이 듣는 사람들에게 유익이 되어야 한다고 생각했다. 그들은 영성훈련이 선한 열매를 맺는다는 것, 그리고 종종 시련을 완화시키기 위해서 환상이 주어진다는 것을 깨달아야 했다.

67. 안토니는 성품이 관대했고 영혼이 겸손했다. 그러면서도 그는 교회의 규칙을 존중했고, 모든 성직자들이 안토니 자신보다 더 존경받기를 원했다. 그는 주교들이나 사제들에게 고개 숙여 인사하는 것을 부끄럽게 생각하지 않았다. 심지어 부제가 도움을 청하러 와도, 안토니는 배우는 것을 부끄러워하지 않고 그와 더불어 유익한 일들에 대해 논의하며 기도를 청했다. 그는 종종 함께 있는 사람들에게 질문하고서 답변을 청했다. 그는 누구든지 유익한 것을 말해 주면 자신에게 도움이 될 것이라고 인정했다. 그의 얼

굴에는 크고 놀라운 은혜가 나타났는데, 이것은 주님으로부터 받은 영적 은총이었다. 안토니가 여러 수도사들과 함께 있을 때에 전혀 안면이 없는 사람이 그를 만나러 온다면, 그 사람은 도착하는 즉시 마치 그의 시선에 끌리는 듯 다른 사람들을 지나쳐 곧바로 그에게로 달려가곤 했다. 안토니를 다른 수도사들로부터 식별할 수 있게 해준 것은 그의 외모가 아니라 안정된 성품과 영혼의 깨끗함이었다. 그의 영혼이 혼동으로부터 자유했기 때문에 그의 외적 감각 역시 동요되지 않았고, "마음의 즐거움은 얼굴을 빛나게 하여도 마음의 근심은 심령을 상하게 하느니라"잠 15:13는 말씀처럼 영혼의 기쁨 때문에 얼굴 표정이 명랑했고 또 몸의 움직임을 토대로 하여 영혼의 안정된 상태를 감지할 수 있었다. 그렇기 때문에 야곱은 라반이 배반을 꾀하고 있다는 것을 알고서 아내에게 "그대들의 아버지의 안색을 본즉 내게 대하여 전과 같지 아니하도다"창 31:5 라고 말했고, 다윗의 눈빛이 밝고 치아가 깨끗했기 때문에 사무엘은 그를 알아보았다. 안토니는 영혼이 평온했기 때문에 전혀 동요함이 없었고 또 마음이 즐거웠기 때문에 표정이 전혀 우울하지 않아서 그 사람이 안토니를 알아본 것이다.

68. 안토니는 신앙과 관련된 일에 있어서는 참으로 훌륭하고 전통적이었다. 그는 멜레티우스Meletius 분파[3]의 배교와 사악함을 처

음부터 감지하고서 전혀 그들과 교제하지 않았다. 또 마니교도들을 비롯하여 다른 이단자들과도 바른 신앙으로 돌아올 것을 권하는 정도에 그칠 뿐 그들과 교제하지 않았다. 안토니는 그들과의 교제가 영혼에 해를 끼치고 멸망하게 만들 것이라고 주장했고 또 그렇게 가르쳤다. 안토니는 아리우스파를 혐오하여 사람들에게 그들 가까이 가지 말고 그들의 잘못된 신앙에 동참하지 말라고 명령했다. 언젠가 광신적인 아리우스파 신자들이 안토니를 찾아왔는데, 안토니는 그들이 사악하다는 것을 알아내고서 그들의 교리가 독사의 독보다 더 악하다고 말하면서 쫓아냈다.

69. 아리우스파 사람들은 안토니가 자기들과 동일한 견해를 지니고 있다고 주장했기 때문에 안토니는 그들에게 크게 노했다. 주교들과 모든 형제들의 소환을 받은 그는 산을 내려와서 알렉산드리아로 들어가면서 공공연하게 아리우스파와의 관계를 부인하고 그들의 교리가 결정적인 이단이며 적그리스도의 선구자라고 말했

---

3) 리코폴리스의 주교였던 멜레티우스는 디오클레티안의 박해 때 피터 주교가 알렉산드리아를 떠나 있는 동안, 그의 부재를 이용해 305년 알렉산드리아에 기반을 두고 있던 교회 권력을 장악하려고 애쓴 것 같다. 멜레티우스는 그 다음 해에 견책을 받고 공권력과 마찰을 빚은 후 팔레스타인에 있는 광산으로 보내졌다. 그는 추종자들과 함께 보다 엄격한 기독교 분파를 대표하는 것처럼 보이며 그 명성을 높이게 된다. 광산에서 돌아온 멜레티우스는 팔레스타인과 이집트에서 주교들을 임명하고 독자적인 종파를 이루었으며, 멜레티우스 교파는 28명의 주교와 함께 325년 니케아 공의회 때 교회의 단일성에 골칫거리가 되는 단체로 부상했다.

다. 그는 하나님의 아들은 피조물이 아니며 비존재로부터의 탄생이 아니라 아버지의 본질에서 나온 영원한 말씀이요 지혜라고 가르쳤다. 그는 다음과 같이 주장했다: "'그분이 존재하지 않았던 때가 있었다'라고 말하는 것은 신성모독입니다. 왜냐하면 말씀은 항상 아버지와 공존하시기 때문입니다. 빛과 어둠은 사귈 수 없습니다. 그러므로 여러분은 아리우스파 사람들과 교제하지 말아야 합니다. 여러분은 하나님을 경외하는 신자들입니다. 그러나 그들은 아버지 하나님의 말씀이요 아들이신 분을 피조물이라고 주장한다는 점에서 창조주가 아니라 피조물을 섬기는 이교도들과 다를 바 없습니다. 그들은 만물의 창조자요 주이신 분을 피조물 중 하나로 간주하기 때문에 피조물 전체가 그들에게 분노하고 있습니다. 만물은 그분 안에서 피조되었습니다."

70. 안토니가 그리스도를 대적하는 이단을 정죄할 때에 사람들은 모두 기뻐했다. 또 알렉산드리아 사람들 모두가 안토니를 보러 달려 나왔다. 그리스인들 및 그들 중에서 사제라고 불리는 사람들은 주의 집으로 와서 "하나님의 사람을 만나게 해주십시오"라고 말했다. 모든 사람이 그를 "하나님의 사람"이라고 불렀다. 그곳에서도 주님은 안토니를 통해 많은 사람들에게서 귀신들을 쫓아내시고 미친 사람들을 고쳐 주셨다. 많은 그리스인들은 유익하리라

고 믿었기 때문에 안토니를 만나게 해 달라고 요청했다. 불과 며칠 사이 일 년 동안 전도한 만큼 많은 사람들이 기독교인이 되었다. 어떤 사람들은 군중이 안토니를 성가시게 한다고 생각하여 사람들을 안토니에게서 몰아내려 했지만, 안토니는 군중으로 인해 방해를 받지 않았고 "산에서 우리를 괴롭히며 씨름하는 귀신들이 이 사람들보다 더 많다"고 말했다.

71. 우리는 알렉산드리아를 떠나는 안토니를 배웅했다. 성문에 도착했을 때에 뒤에서 어떤 여인이 "하나님의 사람이여, 기다려 주십시오! 내 딸이 귀신에게 시달리고 있습니다. 멈추어 주세요. 내가 당신께로 달려가다가 넘어져 다치지 않게 해주십시오"라고 소리쳤다. 안토니는 그 소리를 들었고 또 우리가 간청했기 때문에 멈추어 섰다. 여인은 가까이 와서 아이를 땅에 세게 내쳤다. 안토니가 그리스도의 이름을 부르며 기도했는데, 아이를 일으켜 보니 더러운 귀신이 아이에게서 떠나갔고 아이는 건강을 회복했다. 아이의 어머니는 하나님을 찬양했고, 사람들은 모두 감사를 드렸다. 안토니는 기뻐하면서 자기의 집인 산을 향해 출발했다.

72. 안토니는 매우 지혜로웠다. 그는 문자를 배운 적이 없음에도 불구하고 빈틈이 없고 이해력이 뛰어났다. 예를 들면 언젠가 그리

스 철학자 두 사람이 안토니를 시험할 수 있다고 생각하고서 찾아 왔다. 당시 안토니는 산 아래 있었는데, 외모를 보고서 그들이 철학자라는 것을 알았다. 그가 그들에게 가서 통역자를 통해 "왜 철학자인 당신들이 어리석은 사람을 만나려고 그처럼 고생하셨습니까?"라고 물었더니 그들은 그가 어리석지 않다고 대답했다. 안토니는 "만일 당신들이 어리석은 사람을 만나러 왔다면 헛수고였겠지만, 나를 지혜롭게 생각한다면 나처럼 되십시오. 왜냐하면 우리는 선한 것을 본받아야 하기 때문입니다. 만일 내가 당신들에게 갔다면 당신들을 본받았겠지만, 당신들이 나에게 왔으니 나처럼 되십시오. 나는 기독교인입니다"라고 말했다. 그들은 귀신들도 안토니를 두려워하는 것을 보고 놀라서 물러갔다.

73. 후일 이 철학자들과 비슷한 사람들이 산 밑에서 안토니를 만났다. 그들은 안토니가 문자를 배우지 않았기 때문에 조롱하려 했다. 안토니는 그들에게 "무엇이 먼저입니까? 정신입니까, 문자입니까? 또 무엇이 무엇의 목적입니까? 문자의 정신입니까, 아니면 정신의 문자입니까?"라고 물었다. 그들은 정신이 먼저이며 문자의 창시자라고 대답했는데, 안토니는 "이제 당신들은 건전한 정신을 소유한 사람에게는 문자가 필요하지 않다는 것을 아셨을 것입니다"라고 말했다. 이 말을 듣고 사람들뿐만 아니라 그곳에 있던

사람들 모두가 놀랐다. 안토니에게서는 산에서 생활하면서 나이를 먹은 사람의 거친 품행을 발견할 수 없었다. 교육을 전혀 받지 못한 사람에게서 이러한 예지를 본 그들은 놀라면서 그곳을 떠나갔다. 안토니는 친절하고 정중했고 그의 말에는 신적인 기지機智가 있었기 때문에 아무도 그를 원망하지 않았다. 오히려 그를 만나러 온 사람들이 모두 그로 인해 기뻐했다.

74. 그 후에 지혜롭다고 여겨지는 또 다른 그리스인들이 찾아왔다. 그들은 그리스도에 대한 신앙을 설명해 달라고 요청했지만 거룩한 십자가에 대한 가르침을 삼단논법을 내세우며 조롱하려 했기 때문에 안토니는 잠시 설명을 중단했다. 안토니는 처음에 그들의 무지함을 불쌍히 여겨 통역을 통해서 다음과 같이 말했다: "십자가에 대한 믿음을 고백하는 것과 당신들이 신이라고 부르는 대상들의 속성을 간음과 동성애 행위로 간주하는 것 중에서 어느 것이 더 낫습니까? 우리가 진술하는 것은 담대함의 표식이요 죽음을 멸시하는 증거이지만, 당신들의 교리는 음란한 사건들과 관련됩니다. 또 하나님의 말씀이신 분은 변하지 않고 동일하게 계시면서 인류의 구원과 유익을 위해서 인간의 몸을 취하셨다고 말하는 것―그렇기 때문에 그분은 인간으로 탄생하심으로써 인류로 하여금 영적이고 신적인 본성에 참여할 수 있게 해주셨다고 말하는 것

이 바람직합니까, 아니면 신을 비이성적인 존재처럼 만들고 그러한 근거에서 네 발 달린 짐승과 파충류와 인간의 형상들을 숭배하는 것이 바람직합니까? 그런 것들이 지혜로운 당신들이 섬기는 대상입니다. 당신들은 영혼을 천국으로부터 분리시키고서 그것이 방황하다가 하늘에서 떨어져 몸 속에 들어왔다고 말하면서 어찌 그리스도께서 인간으로 세상에 오셨다고 말한다고 해서 우리를 조롱합니까? 나는 영혼이 네 발 달린 짐승이나 파충류로 변화되지 않고 인간의 몸 속에 존재하기를 원합니다. 우리의 믿음은 인류의 구원을 위해 이루어진 그리스도의 강림을 선언하지만, 피조된 것이 아닌 자존하는 영혼에 관한 당신들의 믿음은 잘못된 것입니다. 우리는 섭리의 자비하심과 능력, 즉 하나님에게 있어서는 그리스도의 강림이 불가능한 일이 아니라는 것을 알고 있습니다. 한편 당신들은 영혼이 정신의 형상이라고 주장하면서 그것에게 실족이라는 속성을 부여하며, 또 영혼이 변화될 수 있다는 취지의 신화를 유포합니다. 그러므로 당신들은 영혼 때문에 정신도 변화될 수 있다는 관념을 도입합니다. 복사된 형상에 적용되는 것은 그것의 원본에도 적용되는 법입니다. 그러나 정신에 대해서 이런 종류의 일들을 생각하면서 당신들이 정신을 지으신 분을 모독하고 있다는 것을 깨달아야 합니다."

75. "십자가와 관련해서는 어떤 것이 바람직하다고 말하렵니까? 악한 사람들이 음모를 꾀할 때에 십자가를 참고 견디며 어떤 형태의 죽음 앞에서도 위축되지 않는 것입니까; 아니면 오시리스와 이시스의 방랑, 티폰의 음모, 크로노스의 추방, 자기 자식들을 삼키고 아버지를 죽이는 것입니까? 당신들은 이런 것들을 지혜롭다고 여깁니다. 어찌하여 당신들은 십자가를 조롱하면서 부활에 대해서는 놀라지 않습니까? 또 당신들은 십자가를 기억하고 있으면서 왜 죽었다가 살아난 사람들과 시력을 회복한 장님들, 회복된 중풍병자들과 문둥병자들, 바다 위를 걷는 것 등 그리스도가 인간이 아니라 하나님이라는 것을 증명해 주는 여러 가지 표적들과 기적들에 대해서는 침묵합니까? 내가 보기에 당신들은 오해하고 있으며 성경을 정직하게 읽지 않는 듯합니다. 성경을 읽으면 그리스도께서 행하신 일들이 그분이 인류의 구원을 위해 세상에 오신 하나님이심을 드러내 준다는 것을 알게 될 것입니다."

76. "이제 당신들의 견해를 말해 보십시오. 비이성적인 존재들에 대해서 분별 없고 매우 잔인하다는 것 외에 무슨 말을 하렵니까? 당신들은 이것들에 대해서 신화의 형식으로 이야기하려 하며 강간당한 페르세포네를 땅으로 언급하고 절름발이 헤파이스토스를 불로, 헤라를 대기로, 아폴로를 태양으로, 아르테미스를 달로,

포세이돈을 바다로 풍유화하여 언급하면서도 하나님을 예배하지 않습니다. 당신들은 만물을 지으신 하나님 대신에 피조물을 섬깁니다. 당신들이 그러한 이야기들을 지어낸 것은 피조물의 아름다움 때문이었을 것입니다. 만물을 지으신 분이 아닌 피조물을 공경하는 일을 피하려면, 피조물들을 신화하지 말고 감탄하는 데 그치십시오. 그렇게 하지 않으면 건축가가 받아야 할 영광을 그가 지은 집에게 돌리며, 장군이 받아야 할 영광을 병사에게 돌리게 될 것입니다. 십자가가 조금이라도 조롱받아야 한다는 것을 우리에게 납득시키기 위해서 무슨 말이든지 해보십시오."

77. 그 사람들은 당황하여 차례로 얼굴을 돌렸다. 그때 안토니는 미소를 지으면서 이렇게 말했다: "이것들을 눈으로 보는 것 자체가 입증할 수 있는 증거가 됩니다. 그러나 당신들은 논거들을 가지고 입증하려고 노력하며 또 그러한 기술을 가지고 있기 때문에 우리가 논거들을 가지고 입증된 증거로 하나님을 섬기기를 원하고 있군요. 하나님에 대한 지식이 어떻게 알려지는지 말해 보십시오. 논거들의 증명을 통해서 알려집니까, 아니면 믿음의 행위를 통해서 알려집니까? 행위를 통한 믿음이 먼저입니까, 아니면 논거들을 통한 증명이 먼저입니까?" 그들은 행위를 통한 믿음이 먼저라고 정확하게 대답했다. 그 말을 듣고 안토니는 이렇게 말했다:

"당신들의 대답이 옳습니다. 믿음의 원천은 영혼의 성향이지만, 변증법의 근원은 그것을 만드는 사람의 솜씨입니다. 그러므로 믿음으로 말미암은 행위를 소유한 사람들에게는 논거들을 통한 증명이 소용이 없고 필요하지도 않습니다. 우리가 믿음으로 인식하는 것을 당신들은 논거들을 통해서 확증하려 합니다. 또 종종 당신들은 우리가 보는 것을 분명하게 표현하지 못합니다. 따라서 믿음으로 말미암은 행위가 당신들의 현학적인 결론들보다 낫고 안전합니다."

78. "우리 기독교인들은 그리스식 추론의 지혜 안에서 신비를 소유하는 것이 아니라 하나님이 예수 그리스도를 통해 공급해 주시는 능력 안에서 신비를 소유합니다. 우리가 문자를 배우지 않았지만 하나님의 솜씨들을 통해서 만물을 향한 하나님의 섭리를 알기 때문에 하나님을 믿는다는 것이 그 증거입니다. 또 우리는 그리스도 안에 있는 믿음을 의지하지만 당신들은 궤변적인 말싸움을 의지한다는 것은 우리의 믿음이 효과적이라는 것을 보여 주는 증거입니다. 당신들 사회의 우상들은 사라져 가고 있지만, 우리의 믿음은 사방으로 퍼져가고 있습니다. 또 당신들은 삼단논법과 궤변을 통해서 기독교인들을 헬레니즘으로 전향시키지 못하지만, 우리는 그리스도 안에 있는 믿음을 가르침으로써 당신들을 미신

에서 벗어나게 만듭니다. 왜냐하면 그리스도가 하나님이시며 하나님의 아들이라는 것은 모든 사람이 인정하기 때문입니다. 당신들은 미사여구로써 그리스도의 가르침을 훼방하지 못하지만, 우리는 당신들이 신으로 섬기며 두려워하는 모든 귀신들을 십자가에 달리신 그리스도의 이름으로 쫓아냅니다. 십자 성호를 그으면 마술이 힘을 발휘하지 못하고 주술도 효력을 발휘하지 못합니다."

79. "지금 당신들의 신탁은 어디에 있습니까? 이집트인의 마술들은 어디에 있습니까? 마술사들이 만들어 내는 환영들은 어디에 있습니까? 그리스도의 십자가가 도착했을 때에 이것들은 모두 힘을 잃고 사라지지 않았습니까? 그렇다면 십자가가 조롱을 받아야 합니까, 아니면 십자가에 의해서 무려해지고 야하다는 것이 입증된 것들이 조롱을 받아야 합니까? 다음의 일 역시 놀랍습니다: 당신들의 종교는 박해를 받은 적이 없고 어느 도시에서나 인정을 받지만, 우리의 교리는 당신들의 교리보다 더 번성하고 확장되고 있습니다. 당신들의 견해는 널리 인정되고 공표되어 있음에도 불구하고 곧 사라집니다. 그러나 세상 통치자들이 핍박하고 당신들이 조롱하는 그리스도의 가르침과 믿음은 세상을 가득 채웠습니다. 그리스도의 십자가가 없었다면, 하나님에 대한 지식이 찬란하게 빛을 발하거나 중용과 순결의 덕이 드러나거나 죽음이 무시되지

못했을 것입니다. 그리스도 때문에 죽음을 무서워하지 않는 순교자들이나 그리스도 때문에 몸을 더럽히지 않고 순결하게 보존하는 교회의 동정녀들을 보면, 이것을 의심할 수 없습니다."

80. "그것들은 그리스도에 대한 믿음만이 하나님을 예배하는 확실한 근거라는 것을 충분히 증명해 줍니다. 그런데 당신들은 여전히 믿지 못한 채 진술들을 통한 삼단논법을 추구하고 있습니다. 우리는 설득력 있는 지혜의 말 고전 2:4로 증명하는 것이 아니며, 진술들을 통한 논증보다 우선하는 믿음을 통해서 설득합니다. 이곳에는 귀신들의 시달림을 받는 사람들이 있습니다(안토니는 그곳에 있는 귀신들린 사람들 몇을 그들 가운데로 데리고 오면서 말했다). 삼단논법에 의해서든지 마술을 사용하든지 당신들의 우상들을 불러내어 이 사람들에게서 귀신들을 쫓아내 보십시오. 그렇게 하지 못하겠거든 우리와의 싸움을 중지하고 그리스도의 십자가의 능력을 보십시오!" 그는 이렇게 말한 후에 그리스도의 이름을 부르면서 귀신들린 사람들에게 두세 번 십자 성호를 그어 주었는데, 그들은 즉시 건강해져서 자리에서 일어나 주께 감사했다. 철학자라고 불리는 사람들은 안토니의 지혜와 그곳에서 일어난 기적을 보고 놀랐다. 안토니는 "왜 놀라십니까? 이것은 우리가 행하는 것이 아니라 그리스도께서 행하시는 것입니다. 그분은 믿는 자들을 통해서 이

런 일들을 행하십시오. 그러니 당신들도 믿으십시오. 그러면 우리가 가진 것이 말솜씨가 아니라 그리스도를 위해 역사하는 사랑으로 말미암는 믿음이라는 것을 알게 될 것입니다. 만일 당신들이 이것을 소유한다면 더 이상 논거들을 통해서 증명하려 하지 않을 것이며, 그리스도에 대한 믿음만으로 충분하다는 것을 깨달을 것입니다"라고 말했다. 그들은 자기들이 안토니에게서 많은 유익을 얻었다는 것을 인정하고서 안토니와 포옹한 후에 그곳을 떠났다.

81. 안토니의 명성은 통치자들에게도 알려졌다. 콘스탄틴 아우구스투스, 그리고 그의 아들인 콘스탄티우스 아우구스투스와 콘스탄스 아우구스투스는 이런 일들에 대해서 알게 되었다. 그들은 마치 아버지에게 하듯이 안토니에게 편지를 쓰면서 답장을 보내 달라고 청했다. 그러나 안토니는 편지를 대단하게 여기지 않았고 편지를 받았다고 해서 기뻐하지도 않았다. 그는 황제에게서 편지를 받기 전과 다름이 없었다. 편지가 배달되었을 때에 안토니는 수도사들을 불러놓고 "황제가 우리에게 편지를 썼다고 해서 대단하게 여기지 마십시오. 황제도 인간에 불과합니다. 그보다는 하나님이 인류를 위해서 율법을 기록하셨고 또 자기 아들을 통해서 우리에게 말씀하셨다는 사실에 감탄하십시오"라고 말했다. 그는 그런 편지에 어떻게 답장을 써야 할지 알지 못한다고 말하면서 받지

않으려 했다. 그러나 수도사들이 권했고 또 황제와 그 아들들이 기독교인이었기 때문에, 그리고 편지를 받지 않아 그들이 화를 내는 일을 피하기 위해서 안토니는 그 편지들을 읽는 것을 허락했다. 안토니는 그들이 그리스도를 섬기는 사람들이라는 것을 인정하고서 답장을 쓰면서 구원에 관한 일을 조언했다. 즉 현실 세계의 일들을 중시하지 말고 장차 임할 심판을 생각하며 그리스도만이 참되고 영원한 통치자이심을 인정하라고 조언했다. 안토니는 그들에게 인간적인 관심을 기울이는 사람들이 되며 정의와 가난한 사람들을 배려하라고 간청했다. 그들은 안토니의 답장을 받고 기뻐했다. 그리하여 안토니는 모든 사람들의 사랑을 받았으며, 모두가 그를 아버지처럼 여겼다.

82. 안토니는 이런 사람으로 알려졌고, 또 자기를 찾는 사람들에게 이런 식으로 답변했다. 그는 산 속으로 돌아가서 수도생활을 계속했다. 그는 종종 찾아온 사람들과 함께 앉아 있거나 걷다가 갑자기 말을 멈추었고 얼마 후에 하던 말을 계속했는데, 함께 있는 사람들은 그가 무엇인가를 보고 있다는 것을 알았다. 그는 종종 산 속에 있으면서 이집트에서 일어나는 일들을 보기도 했다. 안토니는 자기가 환상을 보고 있을 때에 안에서 지켜본 세라피온[4] 감독에게 이런 일들을 이야기했다. 언젠가 안토니는 앉아서 일을

하다가 황홀 상태에 빠져 신음하면서 환상을 보았다. 잠시 후에 그는 몸을 떨고 신음하면서 동료들을 바라본 후에 무릎을 꿇고 오랫동안 기도했다. 기도를 마치고 일어선 안토니는 울고 있었다. 함께 있던 사람들도 두려워 덜덜 떨면서 안토니에게 무슨 일인지 알려 달라고 간청했다. 그들이 끈질기게 졸랐기 때문에 결국 안토니는 입을 열었다. 그는 신음하면서 "여러분, 내가 본 환상 속의 일들이 일어나기 전에 죽는 편이 좋습니다"라고 말했다. 그들은 계속 말해 달라고 간청했다. 안토니는 눈물을 흘리면서 말했다: "교회에 곧 진노가 닥칠 것입니다. 교회는 짐승 같은 사람들의 수중에 넘어갈 것입니다. 나는 하나님의 집 제단을 보았는데, 마치 걷잡을 수 없이 날뛰는 짐승들이 발길질하듯이 노새들이 그 주위에 둘러서서 그 안에 있는 것들을 발로 차고 있었습니다. 여러분은 내가 '내 제단이 더럽혀질 것이다' 라는 음성을 들으면서 크게 신음하는 것을 보았을 것입니다." 이 년 후에 안토니가 말한 대로 아리우스파가 다시 교회를 공격하고 장악하면서 성물들을 강탈했고, 그것은 결국 이교도들에게 빼앗기는 결과를 초래했다. 아리우스파는 이교도들을 작업장에서 억지로 끌어내어 자기들과 합류하게 했다. 그리고 그들이 보는 가운데 제단 위에서 하고 싶은 대로

---

4) 340-360년경에 나일강 삼각주 지역 트무이스(Thmiuis)의 감독이었다.

행동했다. 그때 우리는 이 발길질하는 노새들의 환상이 아리우스파의 짐승같이 분별 없는 행동을 예고해 주었다는 것을 깨달았다. 그러나 안토니는 이 환상을 보면서 다음과 같이 동료들을 위로했었다: "형제들이여, 낙심하지 마십시오. 주님은 노하셨지만 다시 치유해 주실 것입니다. 교회는 속히 아름다움을 되찾고 전처럼 빛을 발하게 될 것입니다. 여러분은 박해받던 사람들이 회복되고 불경함이 그 은신처로 물러가며 사방에서 믿음이 자유로이 선포되는 것을 보게 될 것입니다. 여러분은 아리우스파에 동조하여 자신을 더럽히지 마십시오. 그들의 가르침은 사도들에게서 오는 것이 아니라 귀신들과 그들의 조상인 마귀에게서 오는 것입니다. 그것은 노새의 어리석음처럼 비이성적이고 그릇되며 열매를 맺지 못합니다."

83. 안토니는 그런 식으로 말하고 행동했다. 이런 종류의 기적들이 사람에 의해 행해졌다고 해서 이것들을 불신해서는 안 된다. 이것은 "너희가 만일 믿음이 한 겨자씨만큼만 있으면 이 산을 명하여 여기서 저기로 옮기라 하여도 옮길 것이요 또 너희가 못할 것이 없으리라"마 17:20고 말씀하신 주님의 약속이다. 주님은 또 "내가 진실로 진실로 너희에게 이르노니 너희가 무엇이든지 아버지께 구하는 것을 내 이름으로 주시리라 지금까지는 너희가 내 이

름으로 아무것도 구하지 아니하였으나 구하라 그리하면 받으리니"요 16:23-24라고 말씀하신다. 주님은 제자들을 비롯하여 모든 믿는 자들에게 "병든 자를 고치며 죽은 자를 살리며 문둥이를 깨끗하게 하며 귀신을 쫓아내되 너희가 거저 받았으니 거저 주어라"마 10:8고 말씀하신 분이시다.

84. 안토니는 명령하지 않고 그저 그리스도의 이름을 부르며 기도함으로써 병을 고쳤다. 그러므로 병을 고친 사람은 안토니가 아니라 주님이 안토니를 통해서 자비를 발휘하셔서 병자들의 병을 낫게 해주신다는 것을 누구나 분명히 알 수 있었다. 안토니는 산 속에서 영성훈련을 행하고 기도하며 거룩한 실체들을 관상하며 기뻐했다. 그는 너무 많은 방문객들에게 시달리거나 산 밑으로 이끌려 갈 때에 슬퍼했다. 심지어 재판관들도 자기들이 수행하는 소송의 관계자들 때문에 안토니가 거주하는 산에 올라갈 수 없었기 때문에 안토니에게 산에서 내려오라고 요청했다. 그들은 안토니가 내려오면 그저 만나보기만 하겠다고 말했다. 안토니는 산에서 내려가는 것을 거절했지만 그들은 끈질기게 부탁했고, 심지어 군대 감옥에 갇혀 있는 사람들을 그에게 보냈는데 이는 안토니로 하여금 그들 때문에 산을 내려오게 하려는 의도였다. 안토니는 그들이 슬퍼하는 것을 보면서 마음이 흔들려 어쩔 수 없이 산 밑으로

내려갔다. 이번에도 안토니의 노력은 무익하지 않았다. 안토니가 산을 내려간 것은 많은 사람들에게 유익을 주었다. 그는 재판관들을 도와주면서 그들에게 무엇보다 정의를 소중히 여기고 하나님을 경외하며 그들이 행한 심판에 의해서 그들 자신도 심판을 받는다는 것을 깨달으라고 권면했다. 그는 무엇보다도 산 속에서 사는 것을 사랑했다.

85. 궁핍한 사람들도 이런 식으로 안토니에게 압박을 가했고, 군대의 사령관도 안토니에게 여러 명의 사신을 보내어 자기들에게 와 달라고 요청했다. 안토니는 산에서 내려가 구원에 대한 말, 그리고 도움을 필요로 하는 사람들에 관한 말을 해주고 돌아왔다. 어느 공작은 안토니에게 그대로 머물러 달라고 부탁했지만, 안토니는 그들과 함께 있으면서 시간을 보낼 수 없다고 말했다. 그는 공작을 납득시키기 위해서 이렇게 말했다: "물고기가 물을 떠나 육지에 올라오면 곧 죽듯이, 수도사들이 머뭇거리며 당신들과 함께 시간을 보내면 훈련을 소홀히 하게 됩니다. 그러므로 물고기가 바다로 돌아가듯이 우리도 서둘러 산으로 돌아가야 합니다. 이는 우리가 당신들과 함께 머물러 있음으로써 내면에 있는 것들을 망각하지 않게 하기 위해서입니다." 사령관은 안토니가 하는 많은 말을 듣고 놀라면서 "진실로 이 사람은 하나님의 종이다. 하나님

의 사랑을 받지 않는다면, 평범한 사람이 어떻게 이처럼 위대하고 풍부한 지성을 소유할 수 있겠는가?"라고 말했다.

86. 발라키우스Balacius라는 군사령관이 있었다. 열렬한 아리우스파인 그는 기독교인들을 매우 핍박했다. 그가 무척 잔인하여 처녀들을 때리고 수도사들의 옷을 벗겨 채찍질했기 때문에 안토니는 그에게 편지를 보냈는데, 그 내용을 요약해 보면 다음과 같다: "나는 진노가 당신에게 임하고 있는 것을 봅니다. 진노가 당신을 덮치는 일을 피하려면 기독교인 핍박하는 일을 멈추십시오. 지금도 진노가 당신에게 임하고 있습니다." 발라키우스는 웃으면서 그 편지를 땅에 던지고 침을 뱉었고 편지를 가져간 사람들에게 욕을 하면서 안토니에게 다음과 같이 전하라고 밀했다: "당신이 수도사들을 염려하는 것을 보니 이제 당신도 잡아들여야겠소." 그러나 닷새가 지나기도 전에 진노가 발라키우스에게 임했다. 발라키우스와 이집트의 장관인 네스토리우스가 말을 타고 알렉산드리아를 떠나 첫 번째 기착지인 카이로Chaireu를 향해 가고 있었다. 말들은 발라키우스의 소유였는데, 그가 훈련한 말들 중에서 가장 온순했다. 그런데 카이로로 가는 도중에 말들이 서로 대적하면서 껑충껑충 뛰기 시작했고, 네스토리우스가 타고 있던 보다 온순한 말이 발라키우스를 물어 땅에 떨어뜨리고 공격했다. 말이 허벅지를 심

하게 물었기 때문에 발라키우스는 즉시 알렉산드리아로 호송되었지만 사흘 후에 죽고 말았다. 안토니가 예고한 것이 이처럼 속히 이루어졌기 때문에 사람들은 모두 크게 놀랐다.

  87. 안토니는 잔인한 사람들에게 이런 식으로 경고했지만 자기를 찾아온 다른 사람들에게는 자비롭게 권면했기 때문에 그들은 자기들의 소송문제를 잊고 세상생활을 버리고 은둔한 사람들을 찬양했다. 안토니는 불의의 피해자들을 힘껏 지원했는데 마치 그 자신이 피해 당사자인 것처럼 생각될 정도였다. 그는 모든 사람들에게 유익을 주었기 때문에 많은 군인들과 부자들이 삶의 짐을 내려놓고 수도사가 되었다. 그는 마치 하나님이 이집트에 보내 주신 의사인 듯했다. 슬퍼하면서 그를 찾아온 사람들은 모두 기뻐하면서 돌아갔다. 안토니가 죽었을 때에 사람들은 그의 죽음을 슬퍼했지만 곧 슬픔을 내려놓았다. 성이 나서 안토니를 찾아왔던 사람들은 호의적으로 변했다. 기진맥진한 상태에서 안토니를 만난 가난한 사람들은 안토니의 말을 들은 후에 부유함을 멸시하며 가난한 자신을 위로했다. 낙심하여 안토니를 찾아온 수도사들은 한층 강해졌다. 청년들은 안토니가 거주하는 산에 와서 그를 보는 즉시 쾌락을 버리고 중용을 사랑하게 되었다. 귀신의 시험을 받는 사람들은 안토니를 찾아와서 귀신으로부터의 자유를 얻었다. 산만한

생각들에 시달리던 사람들은 안토니에게 와서 마음의 평정을 발견했다.

88. 앞에서 말했듯이 안토니는 영들을 분별하는 은사를 받았기 때문에 영들의 움직임을 알아차렸고, 또 각각의 영들이 어떤 욕망과 욕구를 가지고 있는지도 알았다. 안토니는 영들의 조롱을 받지 않았다. 그는 산만한 생각들에 시달리는 사람들을 격려해 주면서 그러한 생각들을 일으킨 마귀들의 약점과 변절 행위들을 묘사하고 그것들의 책략을 뒤집어엎을 방법을 가르쳐 주었다. 안토니를 찾아온 사람들은 마치 경주에 참가하기 위해 기름부음을 받은 듯이 마귀와 귀신들의 전략을 담대하게 대적하면서 산을 내려갔다. 성혼한 남자가 있음에도 불구하고 멀리서 안토니를 보고서 그리스도를 위해 순결을 지키기로 작정한 처녀들도 많았다. 외국에서 안토니를 찾아온 사람들도 다른 사람들과 함께 도움을 받았다. 안토니는 마치 자식을 보내는 아버지처럼 그들을 고향으로 돌려보냈다. 이제 안토니가 세상을 떠났기 때문에 그들은 모두 아버지를 잃은 자식들처럼 안토니를 기억하면서 서로를 위로하며 그의 권면들과 경고들을 마음에 새기고 있다.

89. 안토니의 죽음을 기억하는 것은 나에게 유익하며, 그것에 대

해 듣는 것은 여러분에게 유익할 것이다. 안토니의 죽음까지도 본받을 만했다.

안토니는 늘 하던 대로 산 밑에 거주하는 수도사들을 살피려고 내려왔다. 그는 섭리에 의해 자신의 죽음에 대해 알고서 형제들에게 이렇게 말했다: "이번이 나의 마지막 방문입니다. 이 세상에서 우리가 다시 만날 수 있을지 모르겠군요. 내 나이가 백 오 세가 되었으니 죽을 때가 되었어요." 수도사들은 이 말을 듣고 눈물을 흘리면서 안토니를 포옹하고 입을 맞추었다. 그러나 안토니는 마치 외국 도시를 떠나 고향을 향해 항해하는 사람처럼 쾌활했다. 그는 수도사들에게 수고하다가 낙심하지 말며 수도생활에 싫증을 내지 말고 날마다 죽는 것처럼 살라고 권면했다. "전에도 말했지만 더러운 생각으로부터 영혼을 지키십시오. 성도들과 경쟁하되 멜레티우스 분파에 접근하지 마십시오. 여러분은 그들의 악하고 더러운 평판에 대해 알고 있습니다. 또 아리우스 분파와도 교제하지 마십시오. 그들이 불경하다는 것은 누구나 알고 있습니다. 혹시 그들을 옹호하는 재판관들을 보아도 괴로워하지 마십시오. 그들의 터무니없이 엉뚱한 주장은 무상하여 곧 사라질 것입니다. 그들과 접촉하지 말며 교부들의 전통과 우리 주 예수 그리스도에 대한 거룩한 믿음을 지키십시오. 이것이 성경이 가르치는 것이며, 내가 종종 여러분에게 상기시켰던 것입니다."

90. 형제들은 안토니에게 그곳에 머물면서 임종을 맞으라고 말했다. 그러나 안토니는 언급하지는 않았지만 여러 가지 이유 때문에 그들의 청을 거절했는데, 특히 다음과 같은 이유 때문에 거절했다. 이집트인들은 존경하는 사람들, 특히 거룩한 순교자들이 죽으면 장례식을 거행하고 시신을 땅에 묻지 않고 낮은 침대에 눕혀 사원에 안치해 둠으로써 고인을 기리려 했다. 안토니는 종종 어느 주교에게 이 문제에 관해 사람들을 가르쳐 달라고 부탁했고, "이렇게 행하는 것은 합법적이지 못하며 경건하지도 않습니다. 족장들과 선지자들의 시신은 오늘날까지도 무덤 속에 보존되어 있고, 주님의 시신도 사흘째 되는 날 부활하신 때까지 무덤 속에 두고 돌로 막아 두었습니다"라고 말하면서 평신도들의 잘못을 바로잡고 여인들을 징계했다. 그는 이렇게 말하면서 아무리 거룩한 사람이라도 죽은 자의 시신을 매장하지 않는 사람은 율법을 범하는 사람이라는 것을 보여 주었다. 주님의 몸보다 더 거룩하고 위대한 몸은 없을 것이다. 많은 사람들이 그의 말을 듣고서 죽은 자를 매장했고, 자기들이 제대로 가르침을 받은 데 대해 주께 감사했다.

91. 안토니는 사람들이 자기의 시신을 그 관습에 따라서 다룰까

두려워서 산 밑의 수도사들과 작별하면서 계속 그것을 강조했다. 그는 산 속으로 들어가서 지내다가 몇 달 후에 병이 들었다. 그는 함께 지내는 사람들(그곳에서 십 오 년 동안 머물러 수도생활을 하면서 늙은 안토니를 도와준 두 사람)을 불러놓고 이렇게 말했다: "이제 나는 기록된 대로 조상들의 길로 갈 것입니다. 주님이 나를 부르십니다. 깨어 경계하며 지금까지 행해 온 오랜 영성훈련을 중단하지 말고 이제 새로 시작하는 사람처럼 열심을 내십시오. 여러분은 귀신들이 얼마나 위험한 것들인지 알고 있습니다. 그것들은 힘이 약할 때조차도 무척 사납습니다. 그러나 그것들을 두려워하지 말며 항상 그리스도의 감화를 받고 그분을 신뢰하십시오. 또 날마다 여러분 자신에게 관심을 기울이며 내게서 들은 설교를 기억하면서 죽은 듯이 살아가십시오. 분파주의자들과 사귀지 말며, 아리우스파 사람들과 교제하지 마십시오. 그리스도를 대적하는 그들의 이단적인 가르침 때문에 나 역시 그들을 피해 왔다는 것을 여러분은 아실 것입니다. 주님 안에서와 성도들 안에서 서로 굳게 결합하십시오. 그리하면 죽은 후에 그들이 친구나 동료를 맞이하듯이 여러분을 영원한 거처로 맞이해 줄 것입니다. 이것들을 생각하고 마음속 깊이 새기십시오. 만일 나를 아버지처럼 배려하고 기억한다면, 사람들이 나의 시신을 이집트로 가져가서 사원 안에 두는 것을 허락하지 마십시오. 이것이 내가 산 속으로 들어온 이유였습니다. 내가 항상 이러한 관습을 실천하는 사람들의 잘못을 고쳐 주며 그러한 관습을 버리라고 명령했다는 것을 여러분은 알고 계십니다. 그러므로 여러분이 나의 장례식을 거행하고 내 시신을 땅에 묻어 주십시오. 또 내 말을 비밀로 하여 내가 묻힌 곳을 여러분 외에 다른 사람이 알지 못하게 해주십시오. 죽은 자들이 부활할 때에 내 몸은 주님으로부터 다시 썩지 않음을 받을 것입니다. 내 옷을 사람들에게 나누어 주십시오. 아타나시우스 주교에게는 내가 깔고 있는 양가죽과 외투를 드리십시오. 그것은 그분이 나에게 준 것인데 이제는 낡았습니다. 세라피온 주교에게는 또 다른 양가죽을 드리고, 여러분은 고행복을 가지십시오. 이제 나 안토니는 여러분에게서 떠나가지만, 하나님이 여러분을 지켜주실 것입니다."

92. 안토니가 이렇게 유언을 한 후에 두 형제는 그를 포옹했다. 안토니는 마치 자기를 찾아온 친구들을 보고 기뻐하는 듯 밝은 표정으로 숨을 거두었다. 그들은 안토니의 유언대로 준비하여 그의 시신을 싸서 매장했는데, 지금까지도 그 두 사람 외에는 그가 묻힌 장소를 알지 못한다. 안토니의 양가죽과 낡은 외투를 물려받은 사람들은 그 물건들을 소중한 보물처럼 간직했다. 그것을 보기만 해도 안토니의 모습을 보는 듯했고, 그것을 입으면 마치 안토니의

권면을 기뻐하면서 전하는 듯했다.

93. 이것이 안토니가 이 세상에서 보낸 육신의 삶의 마지막 모습이며, 우리가 지금까지 이야기한 것은 그의 수도생활의 시작에 불과하다. 이것들은 안토니의 고결한 생활의 일부에 불과하지만, 이를 통해서 하나님의 사람이었던 안토니가 어떤 사람이었는지 추론해 낼 수 있다. 그는 젊은 시절부터 노년에 이르기까지 영성훈련에 헌신한 사람이었다. 그는 늙었다고 해서 음식을 지나치게 먹는 법이 없었고, 몸이 쇠약해졌다고 해서 옷 입는 방식을 바꾸지 않았으며, 목욕을 하지 않았지만 결코 건강을 해치지 않았다. 그는 침침해지지 않고 건강한 두 눈으로 잘 볼 수 있었다. 늙었기 때문에 그의 잇몸이 상했지만 이는 하나도 빠지지 않았다. 그의 두 발과 두 손도 건강했다. 그는 목욕을 하고 다양한 음식을 먹으며 옷차림도 다양하게 하는 사람들보다 더 밝고 활력이 있는 듯했다.

안토니가 고결한 사람이며 그의 영혼이 하나님의 사랑을 받았다는 것을 보여 주는 증거는 다음과 같은 사실에서 발견된다. 즉 그는 어디서든지 유명했고 모든 사람들이 그에게 경탄했으며, 그를 한 번도 본 적이 없는 사람들까지도 그를 그리워했다. 안토니는 저술이나 이교의 지혜나 기술 때문에 갈채를 받은 것이 아니라 신앙심 때문에 갈채를 받았다. 이것이 하나님이 주신 것이었다는 것은 아무도 부인하지 않을 것이다. 어디서든지 하나님의 사람들을 알리시는 하나님이 안토니에게 이것을 약속하시지 않았다면, 산 속에 은거하고 있는 안토니에 대한 소문이 스페인이나 고올 지방이나 로마나 아프리카에 알려질 수 없었을 것이다. 하나님의 사람들은 은밀하게 행하며 잊히기를 원해도 주님은 그들을 마치 등불처럼 드러내시기 때문에 그들의 소문을 듣는 사람들은 그들의 명령이 삶을 바로잡아 고치는 능력을 지닌다는 것을 알며 또 덕의 길을 걸으려는 열심을 획득했다.

94. 형제들로 하여금 수도사들의 생활이 어떠해야 하는지를 배우게 하며 또 우리 주 예수 그리스도께서 자기를 영화롭게 하는 자들을 영화롭게 하시며 자기를 섬기는 자들을 결국에는 하늘나라로 인도하실 뿐만 아니라 현세에서도 사방에 알려 유명하게 만드신다는 것을 믿게 하려면 이 글을 읽어 주십시오. 주께서 그렇게 하시는 것은 그들이 덕을 실천하며 이웃을 도와주었기 때문입니다. 필요하다면 이것을 이교도들에게도 읽어 주어 그들로 하여금 우리 주 예수 그리스도가 하나님의 아들이라는 것, 그리고 참으로 그리스도를 믿고 그분에게 헌신하는 사람들은 그리스인들이 신이라고 여기는 귀신들이 신이 아니라는 것을 증명할 뿐만 아니라 그것들을 속이는 자들이요 타락하게 만드는 자들로 여겨 예수

그리스도를 통해서 짓밟아 몰아낸다는 것을 알게 해야 합니다. 우리 주 예수 그리스도께 영원히 영광을 돌릴지어다. 아멘.

시편 해석에 관해서

아타나시우스가 마르셀리누스에게 보낸 편지;

1. 친애하는 마르셀리누스, 나는 그리스도 안에서 보여 준 당신의 행위에 경탄합니다. 당신은 현재의 고난과 시련을 참고 견디고 있으며, 영성훈련을 게을리 하지 않고 있습니다. 당신의 편지를 가져온 사람에게 당신이 투병을 하면서 어떻게 지내고 있는지 질문하여 당신이 성경을 진지하게 공부하고 있으며, 특히 시편을 자주 읽으면서 그 의미를 이해하려고 노력하고 있다는 말을 들었습니다. 나도 성경 중에서 특히 시편을 좋아하므로, 당신에게 해주고 싶은 말이 있습니다. 언젠가 유식한 노인과 대화를 한 적이 있습니다. 그 때에 그 늙은 스승에게서 시편에 대해 배운 것들을 당신에게 써 보내고 싶습니다. 그분의 합리적인 진술은 세련되고 설득력이 있습니다. 그분은 다음과 같이 말했습니다:

2. 기록된 바와 같이 "모든 성경은 하나님의 감동으로 된 것으로 교훈과 책망과 바르게 함과 의로 교육하기에 유익"딤후 3:16합니다.

그러나 시편에는 신앙심이 깊은 사람들의 마음을 끄는 꼼꼼함이 있습니다. 성경 각각의 책들은 그 나름의 약속을 제시하고 전합니다. 예를 들어 모세오경은 세상의 시작과 족장들의 행위, 이스라엘의 출애굽과 율법 선포 등을 이야기합니다. 여호수아서와 사사기와 룻기는 땅의 소유와 사사들의 공적, 그리고 다윗 조상의 계보를 이야기합니다. 열왕기와 역대기는 통치자들의 이야기를 다룹니다. 에스라서는 포로생활로부터의 귀환, 예루살렘과 성전 건축 등의 이야기를 다룹니다. 선지서에는 구세주가 세상에 오실 것에 대한 예고, 거룩한 계명들에 관한 권면과 범죄자들에 대한 질책, 그리고 이방인들을 위한 예언 등이 담겨 있습니다. 그러나 시편은 마치 이런 종류의 것들을 모두 담고 있는 정원과 같아서 그것들을 음악으로 표현하면서 나름의 특징적인 것들을 노래로 나타냅니다.

3. 시편 19편은 창세기의 사건들을 노래합니다: "하늘이 하나님의 영광을 선포하고 궁창이 그의 손으로 하신 일을 나타내는도다"시 19:1. 시편 24편에서는 "땅과 거기에 충만한 것과 세계와 그 가운데에 사는 자들은 다 여호와의 것이로다"시 24:1라고 노래합니다. 시편 78편과 114편에서는 출애굽기와 민수기와 신명기의 주제들을 아름답게 노래합니다: "이스라엘이 애굽에서 나오며 야곱의 집

안이 언어가 다른 민족에게서 나올 때에 유다는 여호와의 성소가 되고 이스라엘은 그의 영토가 되었도다"시 114:1-2. 시편 105편도 동일한 사건들을 찬송합니다: "그는 그의 종 모세와 그의 택하신 아론을 보내시니 그들이 그들의 백성 중에서 여호와의 표적을 보이고 함의 땅에서 징조들을 행하였도다 여호와께서 흑암을 보내사 그곳을 어둡게 하셨으나 그들은 그의 말씀을 지키지 아니하였도다 그들의 물도 변하여 피가 되게 하사 그들의 물고기를 죽이셨도다 그 땅에 개구리가 많아져서 왕의 궁실에도 있었도다 여호와께서 말씀하신즉 파리 떼가 오며 그들의 온 영토에 이가 생겼도다"시 105:26-31. 또 시편 105편과 106편이 동일한 사건들과 관련하여 기록되었음을 발견할 수 있습니다. 시편 29편은 제사장직과 장막에 관한 문제를 선포합니다: "너희 권능 있는 자들아 영광과 능력을 여호와께 돌리고 돌릴지어다"시 29:1.

4. 시편 107편에서는 여호수아와 사사들에 관한 것을 다룹니다: "그들이 거주할 성읍을 준비하게 하시고 밭에 파종하며 포도원을 재배하여 풍성한 소출을 거두게 하시며"시 107:36-37. 이는 약속의 땅이 여호수아의 백성들에게 주어졌기 때문입니다. 동일한 시편에서 "그들이 그들의 고통 때문에 여호와께 부르짖으매 그가 그들의 고통에서 그들을 인도하여 내시고"시 107:28라고 말하는 것은 사사

기와 관련이 있습니다. 이스라엘 백성들이 외칠 때에 여호와는 사사들을 세우시고 백성들을 환난에서 구하십니다. 시편 20편에서는 왕들의 이야기를 노래합니다: "어떤 사람은 병거, 어떤 사람은 말을 의지하나 우리는 여호와 우리 하나님의 이름을 자랑하리로다 그들은 비틀거리며 엎드러지고 우리는 일어나 바로 서도다 여호와여 왕을 구원하소서 우리가 부를 때에 우리에게 응답하소서"시 20:7-9. 시편 126편과 122편에서는 에스라와 관련된 사건들을 노래합니다: "여호와께서 시온의 포로를 돌려 보내실 때에 우리는 꿈꾸는 것 같았도다"시 126:1; "사람이 내게 말하기를 여호와의 집에 올라가자 할 때에 내가 기뻐하였도다 예루살렘아 우리 발이 네 성문 안에 섰도다 예루살렘아 너는 잘 짜여진 성읍과 같이 건설되었도다 지파들 곧 여호와의 지파들이 여호와의 이름에 감사하려고 이스라엘의 전례대로 그리로 올라가는도다"시 122:1-4.

5. 거의 모든 시편에서 선지서의 내용들이 선포되고 있습니다. 시편 50편은 구세주가 세상에 오셔서 우리 가운데 하나님으로 머무실 것에 대해서 말합니다: "우리 하나님이 오사 잠잠하지 아니하시니"시 50:3. 시편 118편에서는 "여호와의 이름으로 오는 자가 복이 있음이여 우리가 여호와의 집에서 너희를 축복하였도다 여호와는 하나님이시라 그가 우리에게 빛을 비추셨으니"시 118:26-27라

고 노래합니다. 또 시편 107편에서는 이분이 아버지의 말씀이라고 노래합니다: "그가 그의 말씀을 보내어 그들을 고치시고 위험한 지경에서 건지시는도다"시 107:20. 오시는 분은 하나님이시며 보냄을 받은 말씀이십니다. 이 말씀이 하나님의 아들이심을 알기 때문에 시편 45편에서는 아버지의 음성을 찬양하여 "내 마음이 좋은 말로 왕을 위하여 지은 것을 말하리니"시 45:1라고 말합니다. 시편 110편에서는 "새벽 이슬 같은 주의 청년들이 주께 나오는도다"시 110:3라고 말합니다. 아버지의 아들은 곧 그의 말씀이요 지혜이십니다. 아버지께서 이 말씀에게 "빛과 궁창과 모든 것들이 있으라"고 말씀하셨다는 것을 알기 때문에 시편에는 "여호와의 말씀으로 하늘이 지음이 되었으며 그 만상을 그의 입 기운으로 이루었도다"시 33:6는 말이 담겨 있습니다.

6. 시편 45편에서는 그리스도가 오실 분이라고 알고 있으며 특별히 그분에 관해서 말합니다: "하나님이여 주의 보좌는 영원하며 주의 나라의 규는 공평한 규이니이다 왕은 정의를 사랑하고 악을 미워하시니 그러므로 하나님 곧 왕의 하나님이 즐거움의 기름을 왕에게 부어 왕의 동료보다 뛰어나게 하셨나이다"시 45:6-7. 그분이 모습으로만 오신다고 추측하지 않도록 하기 위해서 시편은 그분이 인간이 되시리라는 것, 그리고 그분을 통해서 만물이 지음을

받았다는 것을 분명히 합니다. 그렇기 때문에 시편 87편에서는 "시온에 대하여 말하기를 이 사람, 저 사람이 거기서 났다고 말하리니 지존자가 친히 시온을 세우리라 하는도다" 시 87:5라고 말하는데, 이것은 "이 말씀은 곧 하나님이시니라 그가 태초에 하나님과 함께 계셨고 만물이 그로 말미암아 지은 바 되었으니" 요 1:1-3, "말씀이 육신이 되어"와 동등한 말입니다. 말씀이 처녀에게서 나오셨다는 것을 알기에 시편 45편에서는 분명하게 말합니다: "딸이여 듣고 보고 귀를 기울일지어다 네 백성과 네 아버지의 집을 잊어버릴지어다 그리하면 왕이 네 아름다움을 사모하실지라 그는 네 주인이시니 너는 그를 경배할지어다"시 45:10-11. 이것은 가브리엘이 "은혜를 받은 자여 평안할지어다 주께서 너와 함께하시도다"눅 1:28라고 말한 것과 비슷합니다. 그분이 그리스도이심을 진술했기 때문에, 그 후에 곧 "딸이여 들으라"고 말하면서 처녀가 아들을 낳았다는 것을 알립니다. 가브리엘이 마리아의 이름을 부르는 것에 주목하십시오. 그분은 근본 태생에 있어서 마리아와 다르지만, 시편 기자 다윗은 마리아를 "딸"이라고 언급합니다. 이는 마리아가 그의 후손이었기 때문입니다.

7. 시편은 말씀이 인간이 되실 것이라고 선포한 후에 그분이 육체 안에 계실 가능성을 지적합니다. 시편 2편은 유대인들의 음모

가 있을 것을 감지하고서 "어찌하여 이방 나라들이 분노하며 민족들이 헛된 일을 꾸미는가 세상의 군왕들이 나서며 관원들이 서로 꾀하여 여호와와 그의 기름 부음 받은 자를 대적하며"시 2:1-2라고 노래합니다. 시편 22편에서는 구세주가 친히 자신이 어떻게 죽을 것인지 이야기합니다: "주께서 또 나를 죽음의 진토 속에 두셨나이다 개들이 나를 에워쌌으며 악한 무리가 나를 둘러 내 수족을 찔렀나이다 내가 내 모든 뼈를 셀 수 있나이다 그들이 나를 주목하여 보고 내 겉옷을 나누며 속옷을 제비 뽑나이다"시 22:15-18. 수족을 찌른다는 것은 십자가를 의미합니다. 이 모든 것을 가르친 후에 주님이 자신을 위해서가 아니라 우리를 위해서 이 일들을 당하신다고 덧붙입니다. 시편 88편에서도 주님의 입으로 "주의 진노가 내게 넘치고"시 88:16라고 말씀하며, 69편에서는 "내가 빼앗지 아니한 것도 물어 주게 되었나이다"시 69:4라고 말씀합니다. 주님은 책임져야 할 죄가 없으셨음에도 불구하고 죽으셨습니다. 우리를 대신하여 고난당하셨고, 이사야서에서 "우리의 연약한 것을 친히 담당하시고"라고 말한 대로 우리의 죄 때문에 우리에게 임할 진노를 대신 받으셨습니다. 이것은 시편 138편에 분명히 나타납니다: "여호와께서 나를 위하여 보상해 주시리이다"시 138:8. 또 시편 72편에서는 성령께서 "그가 가난한 백성의 억울함을 풀어 주며 궁핍한 자의 자손을 구원하며 압박하는 자를 꺾으리로다…그는 궁핍한 자가 부르짖을 때에 건지며 도움이 없는 가난한 자도 건지며"시 72:4, 12라고 말합니다.

8. 시편 24편에서는 그리스도께서 육체적으로 승천하실 것을 예고합니다: "문들아 너희 머리를 들지어다 영원한 문들아 들릴지어다 영광의 왕이 들어가시리로다"시 24:9. 47편에서는 "하나님께서 즐거운 함성 중에 올라가심이여 여호와께서 나팔 소리 중에 올라가시도다"시 47:5라고 노래합니다. 110편에서는 하나님의 오른편에 서실 것을 이야기합니다: "여호와께서 내 주에게 말씀하시기를 내가 네 원수들로 네 발판이 되게 하기까지 너는 내 오른쪽에 앉아 있으라 하셨도다"시 110:1. 9편에서는 마귀의 멸망을 외칩니다: "주께서 나의 의와 송사를 변호하셨으며 보좌에 앉으사 의롭게 심판하셨나이다 이방 나라들을 책망하시고 악인을 멸하시며 그들의 이름을 영원히 지우셨나이다"시 9:4-5. 72편에서는 주님이 아버지로부터 심판의 권위를 받으셨으며 심판자로 오실 것을 예고합니다: "하나님이여 주의 판단력을 왕에게 주시고 주의 공의를 왕의 아들에게 주소서 그가 주의 백성을 공의로 재판하며 주의 가난한 자를 정의로 재판하리니"시 72:1-2. 50편에서는 "하나님이 자기의 백성을 판결하시려고 위 하늘과 아래 땅에 선포하여…하늘이 그의 공의

를 선포하리니 하나님 그는 심판장이심이로다"시 50:4, 6, 82편에서는 "하나님은 신들의 모임 가운데에 서시며 하나님은 그들 가운데에서 재판하시느니라"시 82:1고 말합니다. 또 하나님이 민족들을 부르시는 것에 대해 말하는 시편들이 많습니다. 그 중에서 가장 훌륭한 것은 "너희 만민들아 손바닥을 치고 즐거운 소리로 하나님께 외칠지어다"시 47:1입니다. 72편에서는 이렇게 말합니다: "광야에 사는 자는 그 앞에 굽히며 그의 원수들은 티끌을 핥을 것이며 다시스와 섬의 왕들이 조공을 바치며 스바와 시바 왕들이 예물을 드리리로다 모든 왕이 그의 앞에 부복하며 모든 민족이 다 그를 섬기리로다"시 72:9-11. 시편에서 노래하는 이것들은 모두 각각의 성경책에서 예고됩니다.

9. 성경의 각 책에서는 동일한 것들이 선포됩니다. 그것은 모든 성경책에 있는데, 이는 성령의 일치를 의미합니다. 시편에서 발견되는 것을 다른 책들에서 발견할 수 있듯이, 다른 책에 있는 것들이 시편에서도 발견됩니다. 모세는 찬송을 기록했고, 이사야는 찬송하며, 하박국은 찬송으로 기도합니다. 또 우리는 각각의 책에서 예언들과 율법들과 설화들을 발견할 수 있습니다. 동일한 성령이 모든 것을 주관하시며, 예언이든지 계명이든지 역사의 기록이든지 각각의 경우에 나름의 특성에 따라서 주어진 은혜에 기여하며

완성합니다. 모든 구분들의 근원은 본질상 나누일 수 없는 동일하신 한 분 성령이십니다. 그렇기 때문에 각각의 책 안에 온전한 것이 있습니다. 또 그 용도에 의해서 결정된 대로 성령의 계시와 특징들은 모든 책에 속하는 동시에 각각의 책에 속합니다. 또 성령이 주관하실 때에 각각의 책은 예정된 필요에 따라서 말씀에 기여합니다. 앞에서 말한 것처럼 모세는 법을 제정할 때에 때에 따라서 예언하거나 노래합니다. 선지자들은 예언할 때에 어떤 때는 "예루살렘아, 너희는 스스로 씻으며 스스로 깨끗하게 하라"사 1:16는 말씀이나 "예루살렘아 네 마음의 악을 씻어 버리라"렘 4:14는 말씀에서처럼 명령을 발하고, 어떤 때는 다니엘이 수산나를 둘러싼 사건들을 열거한 것이나 이사야가 랍사게와 산헤립을 언급한 것처럼사 37:36-37 역사를 자세히 이야기합니다. 노래의 특징을 소유한 시편도 이런 식으로 다른 책들에서 상세한 설화의 형식으로 말해진 것들을 음조를 바꾸어 영창합니다. 때로는 법을 제정하기도 합니다: "분을 그치고 노를 버리라" 시 37:8; "악을 버리고 선을 행하며 화평을 찾아 따를지어다"시 34:14. 때로는 이스라엘의 여정을 이야기하며, 구세주가 오실 것을 예언합니다.

10. 성령의 공통적인 은혜가 모든 성경책에 임하시며, 필요에 따라서 성령께서 원하실 때마다 각각의 책에 동일한 은혜가 현존하

기를 바랍니다. 각각의 책은 무조건적으로 그 나름대로 공헌하고 기여하므로 그 필요의 많음이나 적음은 중요하지 않습니다. 그렇다 하더라도 시편은 나름의 은혜와 특징적 표현의 정확성을 지닙니다. 시편은 다른 책들과 공통된 내용을 소유하지만 놀랍게도 각각의 영혼의 정서들을 담고 있으며, 묘사되고 설명된 정서들이 변화되거나 수정되기도 합니다. 그러므로 시편은 끝없이 원하는 사람이 자기를 형성하는 데 도움을 주기 위해서 기록되었습니다. 다른 책들은 우리가 행해야 할 것과 하지 말아야 할 것만 이야기합니다. 우리는 구세주의 강림에 대한 지식을 얻으려는 목적으로만 선지서를 읽습니다. 우리는 역사서를 통해서 왕들과 성도들의 행위를 알 수 있습니다. 그러나 시편에서는 이런 것들을 배울 뿐만 아니라 영혼의 정서를 배워 이해하게 됩니다. 우리에게 영향을 미치는 것을 기초로 하며 우리를 강권하는 것에 의해서, 단어들로부터 파생되는 이미지들을 소유하게 됩니다. 그러므로 시편은 정념을 무시하는 법뿐만 아니라 말과 행동을 통해서 정념을 고치는 방법도 가르쳐 줍니다. 다른 책들에도 분명히 불의를 금하는 표현들이 있지만, 시편에는 절제하는 방법이 규정되어 있습니다. 그 예로 회개하라는 명령을 들 수 있습니다. 이는 회개하는 것은 죄를 멈추는 것이기 때문입니다. 또 어떻게 회개해야 하는지, 그리고 회개할 때에 무슨 말을 해야 하는지도 규정되어 있습니다. 사도 바울은 "환난은 인내를, 인내는 연단을, 연단은 소망을 이루는 줄 앎이로다 소망이 우리를 부끄럽게 하지 아니한다"롬 5:3-5라고 말했습니다. 시편에는 고난을 어떻게 인내할 것인지, 고난을 당할 때에 무슨 말을 해야 하는지, 고난당한 후에는 무슨 말을 해야 하는지, 각 사람이 어떻게 시험을 당하는지, 그리고 하나님에게 소망을 두는 사람들은 무슨 말을 하는지 등이 기록되어 있습니다. 또 어떤 상황에서든지 감사하라는 명령이 있지만살전 5:18, 시편에서는 감사할 때에 무슨 말을 해야 하는지를 가르칩니다. 경건하게 살기를 원하는 사람들은 박해를 받을 것이라는 말을 들을 때에 도망치면서 크게 소리쳐 도움을 구하는 방법, 그리고 박해를 받는 동안이나 박해가 끝난 후에 하나님에게 무슨 말을 해야 하는지 가르침을 받습니다. 우리는 여호와를 찬양하고 인정하라는 요구를 받습니다. 그러나 시편에서는 여호와를 어떻게 찬양하는지, 그리고 그분에 대한 믿음을 고백할 때에 어떻게 말해야 하는지를 가르쳐 줍니다. 각 사람은 자기 자신과 자신의 감정들과 평정을 위해 배정된 찬송을 발견할 것입니다.

11. 또 시편에는 다음과 같은 놀라운 것이 있습니다. 다른 책들에서 거룩한 사람들이 무슨 말을 하며 특정인에 관해서 무슨 말을

할 것인지를 봉독하는 사람들은 자기들보다 앞서 살았던 사람들에 관해 기록된 것들을 읽으며, 봉독되는 말씀을 듣는 사람들은 자신이 그 구절에서 언급하는 사람들과는 다르다고 생각합니다. 그렇기 때문에 그들은 그 구절에서 언급되는 사람들에 대해서 자신이 경탄하며 모방하기를 원하는 분량만큼만 모방하고 본받습니다. 그러나 시편에서 구세주에 대한 예언들을 봉독할 때에는 다른 책들을 읽을 때처럼 경탄하고 감탄하면서 봉독하지만, 다른 시편들은 봉독하는 사람 자신의 말처럼 인식합니다. 또 그것을 듣는 사람은 자기 자신이 말하고 있는 듯이 깊은 감동을 받으며, 그것들이 자기 자신의 노래인 듯 가사에 감동합니다. 복된 사도의 말처럼 표현의 명확함을 위해서는 그들이 말하는 것을 망설이지 말고 반복하십시오. 대부분의 말은 족장들의 말로서 그들 특유의 표현을 지닙니다. 모세는 하나님에게 말하고 하나님은 응답하곤 하셨으며, 엘리야와 엘리사는 갈멜산에서 여호와를 부르면서 "내가 섬기는 이스라엘의 하나님 여호와"라고 말하곤 했습니다. 또 거룩한 선지자들의 말은 주로 구세주에 대한 말이며, 또 이방인들과 이스라엘에 대한 말도 무척 많습니다. 그럼에도 불구하고 족장들의 말을 자기 자신의 말처럼 발언하려 하지 않으며 모세의 말을 모방하여 발언하려 하지 않습니다. 동일한 욕구에 사로잡힌 사람이라도 아브라함이 자기의 종과 이스마엘에 대해 한 말이나 이삭에 관한 일들을 자기 자신의 것으로 여겨 발언하려는 사람은 없을 것입니다. 또 고난받는 사람을 동정하거나 보다 좋은 것을 소유하고 싶은 갈망을 지닌 사람이라도 결코 모세처럼 "내게 주를 알리소서"출 33:13, "이제 그들의 죄를 사하시옵소서 그렇지 아니하시오면 원하건대 주께서 기록하신 책에서 내 이름을 지워 버려 주옵소서"출 32:32라고 말하지 않을 것입니다. 누구도 선지자들의 말을 자신의 말로 받아들여 선지자들이 나무라고 칭찬했던 자들과 비슷한 일을 하는 사람들에게 같은 말로 나무라거나 칭찬하지는 않을 것입니다. 또 아무도 "여호와의 사심을 가리켜 내가 오늘 맹세하노니"를 자기 자신의 말처럼 입 밖에 내지 않을 것입니다: 선지서를 읽는 사람은 기록된 것들을 자기 자신의 말로서 발언하는 것이 아니라 그 글에서 의미하는 대상들 및 성도들의 말로서 발언합니다. 반대로 구세주와 민족들에 대한 예언들을 읽은 후에 시편을 낭송할 때에는 그 말이 봉독하는 사람 자신의 말이 됩니다. 그는 시편들을 다른 사람의 말이나 다른 사람에 대한 말로 여기지 않고 자신에 관해 기록된 것처럼 노래하며 받아들입니다. 그는 마치 자기 자신에 대해서 이야기하고 있는 것처럼 시편을 다룹니다. 그는 시편에서 말하는 것들을 자신의 행동과 말인 듯이 하나님께 드립니다. 족장들이나 모세나 다른 선지자들의 말은 조심스럽게 다루지만, 시편을 찬미하는 사람은 기록된 것을 마치 자기 자신의 말이나 자신에 대한 말인 듯이 자신감을 가지고 합니다. 시편에는 계명을 범하는 사람뿐만 아니라 계명을 지키는 사람이 등장하며 그들의 행동에 대해서도 언급됩니다. 모든 사람들은 시편의 속박을 받아야 하며, 율법을 지키는 자나 범하는 자로서 각기 자신에 대해 기록된 것을 읽고 말해야 합니다.

12. 시편을 노래하는 사람들에게는 그 말씀이 거울처럼 되는 듯합니다. 그리하여 그는 자기 자신과 자기 영혼의 감정들을 인식하고 감동하여 그 말씀을 낭송하게 됩니다. 듣는 사람은 낭송되는 시편의 노래를 자신에 대한 것으로 여겨 받아들입니다. 그리고 양심의 가책을 받을 때에 뉘우칠 것이며, 하나님 안에 있는 소망이나 신자들에게 유효한 도움의 말씀을 들을 때에는 기뻐하며 하나님에게 감사할 것입니다. 시편 3편을 낭송하는 사람은 자신의 시련을 인식하면서 그 내용을 자신의 것으로 여깁니다. 또 11편과 16편을 낭송할 때에는 자신의 확신과 기도를 언급하는 것으로 여깁니다. 54편, 56편, 57편, 142편을 낭송할 때에는 다른 사람이 박해를 받는 것이 아니라 자신이 고난받고 있다고 여깁니다. 그는 이 말씀들을 자기 자신의 말로 여겨 주께 찬송합니다. 전반적으로

각각의 시편은 성령이 말씀하시고 지으셨기 때문에 그 안에서 우리 영혼의 동요가 파악되며 그 말씀들을 우리에 관한 것으로, 우리 자신의 말로 여길 수 있습니다. 이는 우리 안에 있는 감정들과 삶의 징계를 기억하기 위함입니다.

13. 동일한 은혜가 구세주에게서 옵니다. 구세주는 우리를 위해 인간이 되셨고 모든 사람들을 사망에서 자유하게 하시기 위해서 자기 몸을 제물로 드려 죽으셨습니다. 또한 주님은 자신의 거룩하고 만족스러운 삶을 우리에게 보여 주기를 원하셨기 때문에 우리가 보호하심의 약속-주님이 우리를 위해서 마귀를 정복하시고 승리하신 것-을 소유하여 원수에게 쉽게 미혹되지 않게 하시려고 친히 그것의 전형을 제공하셨습니다. 이런 까닭에 주님은 "나는 마음이 온유하고 겸손하니 나의 멍에를 메고 내게 배우라"마 11:29고 말씀하실 때에 모든 사람이 듣고 상징으로 보면서 주님에게서 행동의 본보기를 받게 하시려고 가르치셨을 뿐만 아니라 가르치신 것을 친히 이루셨습니다. 덕에 있어서 주님이 친히 전형이 되신 것보다 더 완전한 가르침은 발견할 수 없을 것입니다. 악을 참고 견디는 것, 인류를 향한 사랑, 선, 용기, 동정심, 정의 추구 등 모든 것이 주님 안에서 발견될 것이며, 그렇기 때문에 주님의 세상생활을 자세히 고찰해 보면 덕에 있어서 부족한 것이 전혀 없습

니다. 사도 바울은 이것을 인식했기 때문에 "내가 그리스도를 본받는 자가 된 것같이 너희는 나를 본받는 자가 되라"^{고전 11:1}고 말했습니다. 그리스의 입법자들도 세련되게 연설하지만 만유의 주시며 만민에게 관심을 가지신 주님은 의로운 행동을 실천하셨고, 법을 만드셨을 뿐만 아니라 행위의 능력을 알고자 하는 사람들을 위한 본보기로 주님 자신을 제공하셨습니다. 이런 까닭에 주님은 세상에 오셔서 우리 가운데 계시기 전에 시편에서 이것이 울려 퍼지게 하셨습니다. 주님이 친히 육신을 지닌 거룩한 인간의 본보기를 제공하신 것처럼 행하기를 원하는 사람은 시편에서 영혼의 감정들과 성향들을 배울 수 있으며, 또 각각의 감정에 적합한 치료법과 교정법을 발견할 수 있습니다.

14. 요점을 보다 더 강력하게 표현하자면 성경 전체는 덕의 교사요 믿음의 진리들이며, 시편에는 영혼들의 삶의 경로를 나타내는 완전한 상징이 들어 있습니다. 왕 앞에 나아가는 사람이 적절한 자세와 표현을 사용하지 않으면 천박한 사람으로 간주되어 쫓겨나듯이, 덕의 경주를 하며 육체 안에 계신 구세주의 삶을 알고자 하는 사람은 먼저 거룩한 책을 읽음으로써 영혼의 감정들을 상기해야 합니다. 그 때에 거룩한 책은 연속적으로 다른 것들을 설명하여 독자들을 가르칩니다. 시편에서 우선적으로 이것을 자세히

관찰하려면 이야기체의 시편들, 도덕적 권면으로 이루어진 시편들, 예언의 형식을 취하는 시편들, 기도의 시편들, 참회의 시편들을 참고할 수 있습니다. 이야기 형식의 시편은 18편, 44편, 50편, 72편, 77편, 89편, 90편, 107편, 114편, 127편, 136편입니다. 기도 형태의 시편은 16편, 68편, 89편, 102편, 132편, 142편입니다. 청원과 기도와 간청 형태의 시편은 5편, 6편, 7편, 11편, 12편, 15편, 25편, 28편, 31편, 34편, 38편, 43편, 54편, 55편, 56편, 57편, 59편, 60편, 61편, 64편, 83편, 86편, 88편, 138편, 140편, 143편입니다. 호소와 감사의 시편은 139편입니다. 청원의 특징만 지닌 시편은 3편, 26편, 69편, 70편, 71편, 74편, 79편, 80편, 109편, 123편, 130편, 131편입니다. 9편, 75편, 92편, 105편, 106편, 107편, 108편, 111편, 118편, 136편, 138편은 죄 고백의 형태를 취합니다. 죄 고백과 이야기의 형식을 취하는 것은 9편, 75편, 106편, 118편, 138편입니다. 이야기와 죄 고백과 찬양이 결합된 시편은 111편입니다. 시편 37편의 특징은 권면입니다. 예언을 담고 있는 시편은 21편, 22편, 45편, 47편, 76편입니다. 110편에는 예언과 선포가 담겨 있습니다. 설득하고 규정하는 시편은 29편, 33편, 81편, 95편, 96편, 97편, 103편, 104편, 114편입니다. 시편 150편에는 권면과 찬양의 노래가 결합되어 있습니다. 찬양을 표현하는 시편은 91편,

113편, 117편, 135편, 145편, 146편, 147편, 150편입니다. 시편 8편, 9편, 18편, 34편, 46편, 63편, 77편, 85편, 115편, 116편, 121편, 122편, 124편, 126편, 129편, 143편은 감사의 노래입니다. 축복의 약속을 선포하는 시편은 1편, 32편, 41편, 119편, 128편입니다. 시편 108편은 거룩한 자발성을 노래로 증명합니다. 시편 81편은 담대하라고 권면하는 시편입니다. 불경한 자들과 율법을 범하는 자들을 책망하는 시편은 2편, 14편, 36편, 52편, 53편입니다. 시편 5편은 도움을 청하는 것과 관련이 있습니다. 20편과 63편은 하나님에게 탄원하는 시편입니다. 주 안에서 자랑하는 말을 선포하는 시편은 23편, 27편, 39편, 40편, 42편, 62편, 76편, 84편, 97편, 99편, 150편입니다. 수치심을 일으키는 시편은 8편과 82편입니다. 48편과 65편은 찬송의 시편입니다. 66편은 권면의 시편이며 부활에 관심을 둡니다. 100편에는 오로지 기뻐하는 말만 담겨 있습니다.

15. 시편들이 이런 식으로 배열되어 있으므로 읽는 사람들은 각각의 유형과 가르침을 발견할 수 있으며, 또한 자기들에게 알맞은 영혼의 동요와 평정을 발견할 수 있습니다. 또 주를 기쁘시게 하려면 무슨 말을 해야 하며, 어떤 종류의 표현에 의해서 자신의 행실을 고치며 주께 감사할 수 있는지 배울 수 있습니다. 이 모든 것

은 그러한 구절들에 따라서 직접적으로 말하는 사람이 불경함에 빠지지 않도록 막기 위한 것입니다. 우리는 행위 때문만 아니라 한담 때문에 재판관이신 하나님에게 해명해야 합니다. 시편 1편, 32편, 112편, 119편, 128편에서는 어떤 사람을 축복하려 할 때에 누구의 이름으로 어떻게 행동하며 무슨 말을 해야 하는지 배울 수 있습니다. 유대인들이 구세주를 배반한 것을 책망하려면 시편 2편을 보십시오. 많은 사람들로부터 공격을 받으며 가까운 사람들에게서 핍박을 받을 때에는 3편을 보십시오. 이런 식으로 고난을 당할 때에 주께 도움을 청하여 응답을 받아 감사하고 싶을 때에는 4편과 75편과 115편을 노래하십시오. 악인이 당신을 함정에 빠뜨리려는 것을 발견하고 주께서 당신의 기도를 들어주시기를 원할 때에는 아침 일찍 일어나 5편을 노래하십시오. 주께서 당신을 경고하신다는 것을 알고 마음이 어지러울 때에는 6편과 38편을 노래할 수 있습니다. 아히도벨이 다윗에게 행한 것처럼 사람들이 당신을 해치려 한다는 것을 누군가 당신에게 전할 때에는 7편을 노래하며 당신을 변호해 주시는 하나님을 신뢰하십시오.

16. 온 세상에 미치는 구세주의 은혜와 구원받은 인류를 볼 때에는 8편을 노래하십시오. 수확의 노래를 부르며 감사하려면 8편과 84편으로 노래하십시오. 원수를 정복한 것과 피조세계를 보존하

신 분이 하나님의 아들이심을 알고서 스스로 뽐내지 않고 그 업적을 찬양하려면 9편을 낭송하십시오. 누군가 당신을 자극하여 화나게 만들려 할 때에는 주 안에서 담대하게 행하며 10편을 찬송하십시오. 무수히 많은 사람들의 오만함과 넘쳐나는 악을 보면서 사람들에게는 전혀 거룩한 것이 없다는 것을 깨달을 때에는 주께 피하며 11편을 낭송하십시오. 원수들이 상습적으로 당신을 배반하고 기만할 때에는 하나님에게서 잊힌 자처럼 태만하게 행하지 말고 13편을 찬송하면서 주께 간청하십시오. 하나님의 섭리를 모독하는 말을 하는 사람들의 불신앙에 동참하지 말고 14편과 53편을 찬송하면서 하나님에게 호소하십시오. 하늘나라 시민이 어떤 사람인지 알려면 15편을 찬송하십시오.

17. 당신의 영혼을 둘러싸고 대적하는 자들 때문에 기도가 필요할 때에는 17편, 86편, 88편, 141편을 노래하십시오. 모세가 어떻게 기도했는지 알려면 90편을 보십시오. 원수들에게서 보호함을 받았고 핍박하는 자들에게서 구출되었을 때에는 시편 18편을 찬송하십시오. 창조세계의 질서 및 그 안에 있는 섭리의 은혜, 그리고 율법의 교훈에 탄복할 때에는 19편과 24편을 찬송하십시오. 고난당하는 사람을 만나면 20편의 말씀으로 말하고 기도하면서 격려해 주십시오. 주께서 목자처럼 당신을 돌보시고 바른 길로 인도

하신다는 것을 의식할 때에는 23편을 찬송하며 기뻐하십시오. 원수들이 당신을 둘러싸고 있어도 영혼을 하나님에게로 들어 올리고 25편을 찬송하면 영혼은 적들의 악한 행위들이 아무 소용이 없다는 것을 볼 것입니다. 그들은 피 묻은 손으로 당신에게 상처를 입히고 죽이려 합니다. 그들의 심판을 사람에게 맡기지 마십시오. 하나님만이 재판관이 되실 자격이 있다고 여기면서 26편, 35편, 43편을 낭송하십시오. 그들이 사납게 당신을 공격하며 원수들이 떼를 이루어 마치 당신이 아직 은혜를 받지 못한 것처럼 여겨 멸시하며 공격하려 할 때에 두려워 웅크리지 말고 28편을 찬송하십시오. 인간의 본성은 연약합니다. 염치없이 행동하며 올가미를 놓는 사람들을 무시하려면 하나님을 부르며 28편을 낭송하십시오. 감사하면서 주께 무엇을 드려야 하는지 알려면, 영적으로 생각하면서 29편을 찬송하십시오. 주님에게서 받은 영혼과 당신의 육신이 거주하는 집을 축성할 때에는 감사하면서 30편, 127편을 낭송하십시오.

18. 진리 때문에 친구들과 친척들 모두가 당신을 멸시하고 핍박할 때에 당신 자신이나 그들을 향한 관심을 포기하지 마십시오. 사람들이 당신에게 반감을 품을 때에 놀라지 말고 그들을 떠나 미래에 마음을 두고 시편 31편을 노래하십시오. 세례를 받고 구속함

을 받은 사람들을 볼 때에 인류를 향한 하나님의 사랑에 감사하고 그 사람들 앞에서 시편 32편을 노래하십시오. 의롭고 바르게 생활하는 사람들과 함께 노래하기를 원할 때에는 33편을 낭송하십시오. 대적하는 사람들을 만났으나 지혜롭게 도망쳐서 그들의 계략을 피했을 때에 감사를 표현하고 싶다면, 온유한 사람들을 불러 모으고 그들 앞에서 34편을 낭송하십시오. 율법을 범하는 사람들이 악을 향한 열심을 품고 있는 것을 볼 때에 이단자들처럼 그들이 본성적으로 악하다고 여기지 말고 시편 37편을 찬송하십시오. 그리하면 범죄에 대한 책임이 그들 자신에게 있다는 것을 알 수 있을 것입니다. 무법을 자행하며 자기보다 비천한 사람들을 멸시하는 품행 나쁜 사람들을 볼 때나 자신이 맡은 봉사에 헌신하지 않는 사람에게 권면하고 싶을 때에는 당신 자신과 다른 사람들을 향해서 37편을 낭송하십시오.

19. 정신을 집중하려는 당신을 공격하는(원수는 특히 그러한 사람을 대적합니다) 원수와의 싸움에 대비하여 자신을 튼튼하게 만들고 싶을 때에는 39편을 낭송하십시오. 또 적들의 공격을 받아 시련을 당할 때에 참고 견디며 인내의 유익을 배우려 한다면 40편을 찬송하십시오. 가난하고 궁핍한 사람들을 자비로이 대하려 한다면 41편을 찬송함으로써 온정을 베풀고 있는 사람들의 훌륭함을 인정

하며, 다른 사람들에게도 동일한 행동을 하도록 촉구할 수 있습니다. 하나님을 향한 큰 열망을 품고 있는 당신을 원수가 비난할 때에 동요하지 마십시오. 그러한 열망이 썩지 않는 열매를 맺는다는 것을 알고 하나님에게 소망을 둠으로써 영혼을 위로하십시오. 세상에서 영혼을 지탱해 주고 슬픔을 달래 주는 그 소망 안에서 42편을 노래하십시오. 하나님이 조상들에게 행하신 자비한 행동들, 애굽에서 나와 광야를 통과할 때에 하나님이 얼마나 선하셨고 인간들이 얼마나 감사하지 않았는지 등을 기억하려면 44편, 78편, 89편, 105편, 106편, 114편을 낭송하십시오. 환난을 당했을 때에 하나님에게 피하여 안전하게 보호하심을 받으면서 하나님에게 감사하며 받은 사랑을 열거하려면 46편을 낭송하십시오.

20. 죄를 범했을 때에는 부끄러워하면서 회개하며 자비를 구하십시오. 51편은 죄 고백과 회개의 시편입니다. 악한 통치자가 당신을 비방하거나 비방하는 자가 자랑하는 것을 보거든 그곳을 떠나며 52편을 낭송하십시오. 당신이 추적을 받고 있으며 사람들이 계속 당신을 중상하면서 십 사람들과 이방 족속들이 다윗에게 행했던 것처럼 재판관에게 넘기려 해도 지치지 말고 주 안에서 확신을 가지고 그분을 찬송하면서 시편 54편과 56편을 낭송하십시오. 추적하는 자들이 당신이 있는 곳을 점거하며 부지중에 당신이 숨

어 있는 굴 속에 들어와도 두려워 웅크리지 마십시오. 왜냐하면 시편 57편과 115편에서 격려의 말을 발견할 수 있기 때문입니다. 음모를 꾸미는 자가 당신 집을 감시하라고 명령했지만 당신이 그곳에서 도망쳐 죽음을 피했다면, 그것은 기념할 만한 사건입니다. 주께 감사하며 그것을 마음에 기념비처럼 새기고 59편을 낭송하십시오. 적들이 당신을 모욕하며 외관상의 친구들이 일어나 당신을 고소할 때에 당신은 묵상하면서 잠시 슬퍼하겠지만 하나님을 찬양하고 시편을 낭송하면서 위로를 받을 수 있습니다. 젠체하며 자랑하는 사람들을 부끄럽게 하려면 58편을 낭송하십시오. 당신의 영혼을 붙들려고 사납게 덤비는 자들을 대적하고 하나님에게 순종하며 용기를 내십시오. 그들이 날뛸수록 그만큼 더 주께 복종하며 62편을 낭송하십시오. 박해를 받아 광야에 들어갔다면, 그곳에 하나님이 계시니 홀로 있다고 해서 두려워하지 말고 새벽에 일어나 63편을 찬송하십시오. 무수히 많은 원수들이 매복하여 거짓말을 계속하거나 사방으로 당신을 수색하면서 두렵게 하여 쫓아내려 해도 굴복하지 마십시오. 당신이 64편, 65편, 70편, 71편을 노래할 때에, 어리석은 아이들의 화살이 그들을 상하게 만들 것입니다.

21. 노래로 하나님을 찬양하고 싶을 때에는 65편을 낭송하십시

오. 사람들에게 부활에 대해서 가르치려 할 때에는 66편을 노래하십시오. 하나님의 자비를 구할 때에는 67편으로 하나님을 찬양하십시오. 경건하지 않은 사람들이 평강을 누리지만 번영하고 의로운 사람들은 고통을 당하며 낙심하여 있는 것을 볼 때에 시험을 받아 흔들리지 않으려면 73편을 낭송하십시오. 사람들에게 하나님의 진노가 임하는 것을 볼 때에는 74편의 신중한 말씀에서 위로를 발견하십시오. 지은 죄를 고백해야 할 때에는 10편, 75편, 91편, 105편, 106편, 107편, 111편, 118편, 138편을 노래하십시오. 하나님에 대한 지식을 전혀 소유하지 않은 그리스인들과 이단자들의 견해를 부끄럽게 만들려면 76편을 낭송할 수 있습니다. 하나님에 대한 지식은 공교회 안에만 있습니다. 적들이 당신의 피할 길을 가로막아 괴롭고 혼란스러워도 낙심하지 말고 기도하십시오. 하나님이 당신의 부르짖는 소리를 들어주실 때에 감사하며 77편을 노래하십시오. 대적들이 돌진하여 공격을 계속하면서 하나님의 집을 더럽히고 성도들을 죽여 그 시신을 공중의 새들에게 내어줄 때에 그들의 잔인함 앞에서 웅크리고 뒷걸음치지 않으려면, 시편 79편을 낭송하면서 고난받는 자들을 동정하고 하나님께 호소해야 합니다.

22. 축일에 하나님의 종들을 불러 모으고 주를 찬미하려면 81편

과 95편을 노래하십시오. 원수들이 사방에서 모여들어 하나님을 위협하고 동맹을 맺어 참신앙을 대적할 때에 그들 무리의 힘 때문에 낙심하지 않으려면 83편을 소망의 닻으로 삼으십시오. 또 하나님의 집과 그분의 영원한 장막들을 보면서 사도 바울처럼 열심을 품게 된다면 84편을 낭송하십시오. 하나님의 진노가 누그러지고 포로생활이 끝난 후에 감사하려면 시편 85편과 126편을 노래하십시오. 분파주의자들의 신념이나 행위들과 비교하여 공교회의 탁월함을 알고 분파주의자들을 책망하려면 87편을 보십시오. 하나님 안에 있는 소망은 결코 수치를 가져오지 않으며 영혼을 담대하게 만듭니다. 그러므로 당신 자신을 담대하게 만들고 사람들로 하여금 바른 예배 안에서 확신을 갖게 만들려면 91편을 가지고 하나님을 찬양하십시오. 안식일에는 92편을 찬송하십시오.

23. 주의 날에 감사를 돌리려면 24편을 노래하십시오. 한 주간의 둘째 날에 찬양하려면 48편을 낭송하십시오. 안식일 전날 하나님을 찬미하려면 93편을 노래하십시오. 주님이 십자가에 달리셨을 때에 하나님의 집이 세워져 공격하는 원수들이 가까이 오지 못하게 되었습니다. 이 승리를 기리며 찬송할 때에는 93편에 기록된 내용이 적합합니다. 또 당신이 포로가 되어 집이 파괴되었다가 다시 세워질 때에는 96편으로 찬송하십시오. 용사들이 땅을 보호하

여 평화로우며 주께서 다스리시는 것을 찬미하려면 97편을 찬송하십시오. 한 주간의 넷째 날에는 94편으로 찬송하십시오. 왜냐하면 그날 주께서 복수하시며 사망에게 벌을 내리시고 담대하게 자신을 선포하셨기 때문입니다. 그러므로 복음서를 읽으면서 넷째 날에 주께 다시 음모를 꾀하는 유대인들을 본다면, 우리를 위해 공공연하게 마귀의 형벌을 선포하시는 주님을 생각하면서 94편을 찬송하십시오. 또 만물 안에서 주님의 섭리와 다스리심을 볼 때에 사람들을 가르쳐 주님을 믿고 복종하게 하며 먼저 신앙을 고백하도록 설득하려 할 때에는 100편을 노래하십시오. 심판하시는 주님의 능력 및 자비로써 심판을 억제하신다는 것을 알고 나서 주께 나아가기를 원한다면 101편을 찬송하십시오.

24. 우리의 본성은 연약합니다. 그러므로 재난을 당해 거지처럼 되어 기진맥진할 때에 위로받기를 원한다면 102편을 노래하십시오. 우리는 어떤 상황에서든지 하나님에게 감사해야 합니다. 그러므로 하나님을 찬양하려 할 때에는 102편과 104편을 노래하십시오. 소리 내어 찬양하면서 그렇게 표현하는 것이 누구에게 어떻게 필요하며, 무슨 말로 찬양하는 것이 적절한지 알려면 105편, 107편, 135편, 146편, 147편, 148편, 150편 등을 노래하십시오. 당신에게는 주님이 말씀하신 믿음이 있습니까? 기도할 때에 자신이 기

도하는 내용을 믿습니까? 150편을 찬송하십시오. 당신은 행위에 의해서 앞으로 나아가고 있으며 "뒤에 있는 것은 잊어버리고 앞에 있는 것을 잡으려고 달려가노라"빌 3:13-14고 말할 수 있습니까? 진보할 때마다 성전에 올라가는 노래들(121-135편의 15편) 중 하나를 낭송하십시오.

25. 당신이 좋지 않은 생각들에 몰두하여 유혹을 받고 있음을 감지했을 때에 회개하며(비록 당신이 오류에 빠져 있을 때에 당신을 사로잡았던 자들 가운데 머물러 있을지라도) 앞으로는 그러한 유혹에 저항하기로 결심하려면 이스라엘 백성들이 행했던 것처럼 조용히 앉아 탄식하면서 137편을 노래하십시오. 당신을 시험하는 환난을 당한 후에 감사하려면 139편을 찬송하십시오. 또다시 당신을 에워싸고 공격하는 원수들에게서 구원받기를 원한다면 140편을 노래하십시오. 간구하고 기도하기를 원한다면 5편과 143편을 노래하십시오. 다윗을 대적한 골리앗처럼 포악한 원수가 일어나서 당신과 백성들을 괴롭힌다 해도 두려워 떨지 말고 다윗처럼 믿음을 가지고 144편을 노래해야 합니다. 만물 안에 있는 하나님의 자비하심에 경탄하며 당신을 비롯한 모든 사람들에게 미치는 하나님의 은혜를 생각하면서 하나님을 찬양하려면 45편에 기록된 다윗의 말로 노래하십시오. 주님을 찬미하려면 93편과 98편을 노래하십시오.

형제들보다 높은 지위에 올랐을 때에 우쭐대지 말고 당신을 택하신 하나님에게 영광을 돌리면서 150편을 노래하십시오. 그것은 다윗의 찬송입니다. 하나님이 기도에 어떻게 응답해 주셨는지를 가리키기 위해 할렐루야를 포함하는 시편들을 노래하려면 105편, 106편, 107편, 112편, 113편, 114편, 116편, 118편, 135편, 136편, 146편, 147편, 148편, 149편, 150편을 노래하십시오.

26. 구세주에 관한 사건들을 은밀하게 찬송하는 내용은 거의 모든 시편에서 발견할 수 있지만 특히 45편과 110편은 구세주께서 아버지로부터 발생하신 것과 성육하신 것을 노래하고 있습니다. 22편과 69편은 구세주께서 우리 때문에 배반당하신 것과 거룩한 십자가, 그리고 당하실 고난의 내용 등을 예고합니다. 2편과 109편은 유대인들의 음모와 사악함, 그리고 가룟 유다의 배반을 말합니다. 21편과 50편과 72편은 주님의 왕권과 심판자로서의 능력, 그리고 우리를 위해 육신을 입고 오실 것을 분명히 하는 동시에 이방인들을 부르신 것도 회상합니다. 16편은 죽은 자들로부터의 부활을 증명합니다. 24편과 47편은 주님의 승천을 알립니다. 93편, 96편, 98편, 99편에서는 주께서 당하신 고난을 통해서 우리에게 주어진 은혜를 묵상할 수 있습니다.

27. 이것들이 시편에서 노래된 인류를 위한 도우심의 특성입니다. 시편에는 나름의 특별한 시편들이 담겨 있으며, 종종 주 예수 그리스도의 육체적인 강림에 관한 예언들도 담겨 있습니다. 이런 종류의 말씀들을 가락과 음조에 실어 찬송하는 이유를 간과하지 마십시오. 단순한 사람들은 그 구절들이 거룩한 영감을 받아 지어진 것이라고 믿으면서도 그 감미로운 소리로 판단하여 우리의 귀를 즐겁게 하기 위해서 음악적으로 기록되었다고 상상하는데, 그것은 옳지 않습니다. 성경은 기분 좋고 매력적인 것을 추구한 것이 아니라 영혼의 유익을 추구하는데, 거기에는 여러 가지 이유가 있지만 특히 다음과 같은 두 가지 이유 때문입니다. 첫째, 성경에서 하나님을 찬양할 때는 요약된 말뿐만 아니라 풍부한 성량으로 찬양하는 것이 어울리기 때문입니다. 율법의 내용들과 예언서들과 역사서, 그리고 신약성경의 내용들은 순서대로 노래됩니다. 반면에 시편들과 송가들과 찬송들은 보다 명료하게 표현되므로 사람들이 힘과 능력을 다해서 하나님을 사랑하게 될 것입니다. 둘째 이유는 다음과 같습니다. 플루트와 결합된 하모니가 하나의 소리를 내듯이, 영혼 안에서 상이한 움직임들-여기에는 추리력, 욕망, 거센 정념 등이 있는데, 이것들이 활동할 때에 몸의 각 부분의 활동이 발생합니다-을 볼 때에 이성은 인간이 내면적으로 불화하지

189

않기를 원합니다. 그러므로 추론에서부터 가장 훌륭한 것들이 파생되며, 욕망을 기초로 하는 행동에서 가장 무가치한 것이 나옵니다. 빌라도가 "나는 그에게서 아무 죄도 찾지 못하였노라"요 18:38 고 말하고서도 유대인들의 목적에 동의한 것이 그 예입니다. 수산나의 이야기에 등장하는 노인들처럼 사람들은 가장 평범한 것들을 갈망하지만 실천하지 못하거나, 간음하지는 않지만 도둑질하거나, 살인하지는 않지만 하나님을 모독합니다.

28. 이성은 우리 안에서 그러한 혼동이 발생하지 않게 하기 위해서 바울의 말처럼 그리스도의 마음을 가지고 있는 영혼이 이성을 지도자로 사용하며, 또 이성에 의해서 정념들을 제어하고 몸의 지체들을 다스려 이성을 따르게 만들려 합니다. 그러므로 현악기를 연주하는 채가 있듯이, 스스로 현악기가 되어 성령께 완전히 헌신하는 사람은 자신의 모든 지체들과 감정들 안에서 하나님의 뜻에 복종하고 섬길 것입니다. 시편을 균형 있게 읽는 것은 우리의 생각들이 이처럼 동요되지 않고 평온한 평형 상태를 유지하고 있음을 나타내 주는 상징이요 전형입니다. 우리가 영혼의 생각들을 발견하고 단어로 표현하듯이, 주님도 단어들의 멜로디가 영혼 안에 영적 조화의 상징이 되기를 원하시기 때문에 아름다운 선율로 송가를 부르며 노래로 시편을 낭송하라고 명하셨습니다. 영혼은 아

름다운 성향을 지녀 "너희 중에 즐거워하는 자가 있느냐 그는 찬송할지니라"약 5:13고 기록된 것처럼 행하기를 원합니다. 우리가 노래할 때에 영혼 안에 있는 혼란스럽고 거칠고 무질서한 것들이 부드러워지며, 슬픔을 야기하는 것들이 치유됩니다. "내 영혼아 네가 어찌하여 낙심하며 어찌하여 내 속에서 불안해 하는가"시 42:5, 11. 우리는 자신이 두려워하는 것과 관련하여 "여호와는 내 편이시라 내가 두려워하지 아니하리니 사람이 내게 어찌할까"시 118:6라고 말함으로써 소망을 갖고 힘을 얻습니다.

29. 거룩한 시편을 이런 식으로 낭송하지 않는 사람은 지혜롭게 찬송하는 것이 아닙니다. 그런 사람은 스스로 즐거워할지 모르지만 "죄인의 입에는 지혜의 찬미가 맞지 않기"집회서 15:9 때문에 비난을 초래합니다. 그러나 위에서 말한 방식으로 찬송하여 정돈된 영혼의 상태와 성령과의 일치 상태에서 선율이 흘러나올 때에는 입술로만 아니라 마음으로 찬송하기 때문에 찬송하는 사람 자신만 아니라 그 찬송을 듣는 사람에게도 큰 유익을 줍니다. 다윗은 이런 식으로 사울을 위해 노래하면서 하나님을 기쁘시게 했을 뿐만 아니라 사울의 영혼을 평온하게 만들어 불안하고 격앙된 성향을 몰아냈습니다. 이런 식으로 노래한 제사장들은 백성들의 영혼을 평온하게 만들었고, 하늘 합창대를 이루는 사람들과 일치하게

했습니다. 그러므로 기분 좋은 소리를 내려는 갈망 때문에 선율에 맞추어 시편을 노래해서는 안 됩니다. 시편을 선율에 맞춰 노래하는 것은 영혼의 생각들의 조화를 나타내는 확실한 상징입니다. 그것은 질서 정연하고 동요되지 않은 마음을 보여 주는 상징입니다. 심벌즈와 하프와 현악기로 하나님을 찬양하는 것 역시 상징입니다. 몸의 각 부분은 하프의 현들처럼 자연스러운 일치를 이루며 영혼의 생각들은 심벌즈처럼 되는데, 이것들 모두는 장중한 소리와 성령의 명령을 통해서 움직이고 살기 때문에 기록된 것처럼 사람은 성령 안에서 살며 몸의 행위를 죽이게 됩니다. 이처럼 아름답게 시편을 찬송하는 사람은 자기 영혼에게 리듬을 주며 불균형에서 균형으로 이끌기 때문에 결국 영혼은 견고한 본성으로 인해 두려워하지 않으며, 심지어 장래의 선한 것을 향한 완전한 갈망을 소유하며, 긍정적인 것들을 상상하게 됩니다. 또 시편을 찬송함으로써 평정을 얻어 정념들을 잊게 되며, 기뻐하면서 그리스도의 마음으로 보고 가장 좋은 것들을 생각합니다.

30. 시편을 읽을 때에는 전체적으로 읽어야 합니다. 시편은 하나님의 영감으로 기록된 것이지만, 우리가 욕구에 의해서 동산의 열매를 보고 먹음으로써 유익을 얻듯이 시편에서도 유익을 얻어야 합니다. 시편의 구절들 안에는 인간 실존 전체, 즉 영혼의 성향들

과 생각의 움직임들이 포함되어 있고 표현되어 있습니다. 사람들 가운데서는 이것을 능가하는 것을 발견할 수 없습니다. 회개나 죄 고백이 필요할 때, 환난과 시련이 임할 때, 박해를 받을 때, 누군가 우리를 해치려고 음모를 꾀할 때, 또는 슬프고 불안하며 방금 묘사된 종류의 일을 당하면서 원수에게서 해방되어 앞으로 나아가며 정신을 집중하거나 찬송하고 주께 감사하기를 원할 때에 시편에서 가르침을 받을 수 있습니다. 그러므로 이러한 각각의 상황에 대해 언급한 시편을 선택하고 그 내용을 우리 자신에 관한 것으로 여겨 낭송하고 감동을 받으면서 주께 들어 올리십시오.

31. 시편의 말씀을 개작하거나 표현을 바꾸지 말며, 세속적인 표현을 부연하여 설명하지 마십시오. 교묘한 책략을 사용하지 않고 기록된 그대로 시편을 낭송하고 찬송하십시오. 그리하면 시편을 기록한 거룩한 사람들은 그 시편이 자신의 것임을 인정하고서 기도하는 우리와 합류하며, 또 성도들 안에서 말씀하시는 성령께서 성도들 안에 자신이 감화한 말씀이 있는 것을 보고서 우리를 도우실 것입니다. 성도들의 삶이 일반인들의 삶보다 한층 고결하듯이, 그들의 표현은 우리가 구사하는 표현보다 고결하고 더 강력합니다. 그들은 이러한 시편으로 하나님을 크게 기쁘시게 했고, 시편을 노래할 때에 바울의 표현처럼 "나라들을 이기기도 하며 의를

행하기도 하며 약속을 받기도 하며 사자들의 입을 막기도 하며 불의 세력을 멸하기도 하며 칼날을 피하기도 하며 연약한 가운데서 강하게 되기도 하며 전쟁에 용감하게 되어 이방 사람들의 진을 물리치기도 하며 여자들은 자기의 죽은 자들을 부활로 받아들이기도"히 11:33-35 했습니다.

32. 그러므로 우리는 시편을 찬송할 때에 자신감을 가져야 합니다. 하나님은 이러한 시편을 통해서 간구하는 사람들의 기도를 속히 들어주실 것입니다. 고난을 당할 때에 시편을 낭송한다면 그 시편 안에서 큰 위로를 받을 것입니다. 시험과 핍박을 당할 때에 시편을 낭송하는 사람은 한층 고결한 사람으로 드러날 것이며, 원래 시편을 지은 사람들을 돌보아 주신 주께서 그를 보호해 주실 것입니다. 우리는 시편 안에서 마귀를 쓰러뜨리고 귀신들을 쫓아낼 것입니다. 죄를 범한 사람은 시편을 찬송함으로써 자신을 책망하고 죄를 멈출 것입니다. 죄를 범하지 않은 사람은 기뻐하는 자신을 볼 것이며, 앞에 있는 것을 잡으려고 노력하며 상을 얻기 위해서 이런 식으로 찬송할 때에 강해질 것이며, 영원히 요동함이 없이 진리 위에 설 것이며, 우리를 오류 속으로 인도하기를 원하여 속이고 붙잡는 자들을 부끄럽게 만들 것입니다. 이런 사람은 보증인을 소유하는 것이 아니라 거룩한 성경 자체를 소유합니다.

하나님은 모세에게 위대한 노래를 써서 신 31:19 백성들을 가르치라고 명령하셨고, 왕으로 세움을 받은 사람에게 신명기를 기록하여 옆에 두고 읽어 그 내용에 복종하라고 명령하십니다 신 17:18-19. 왜냐하면 그 말씀들을 신실하게 듣는 사람들에게 덕을 상기시키며 도움을 가져올 수 있기 때문입니다. 예를 들어 여호수아는 가나안 땅에 들어가서 적군이 정렬해 있고 아모리 족의 통치자들 모두가 모여 있는 것을 보았습니다 수 9:1-2. 그는 적들과의 대결을 앞두고서 신명기를 낭독하면서 모든 사람들로 하여금 율법의 말씀을 기억하게 했고 백성들을 말씀으로 무장시켰기 때문에 싸움에서 승리했습니다. 요시아 왕은 율법책을 발견하여 모든 백성들 앞에서 낭독할 때에 적을 두려워하지 않았습니다 왕하 22:8. 가나안 땅에서 전쟁을 할 때에는 율법이 기록된 돌판들이 담긴 언약궤를 선두에 세웠습니다. 사람들이 언약궤를 메고 가는 제사장들 가까이 가지 않고 뒤를 따랐고, 팽배했던 죄와 위선이 백성들 안에 존재하지 않을 때에 언약궤는 적군을 대면한 백성들을 도와주었습니다. 백성들이 믿음과 순수함을 지닐 때에 율법은 그들이 구하는 것들에 호의적으로 작용할 수 있었습니다.

33. 아타나시우스는 "나는 지혜로운 사람들에게서 옛날 이스라엘 백성들이 단지 성경을 읽음으로써 귀신들을 몰아내고 대적들

의 속임수를 물리쳤다는 말을 들었습니다"라고 말했습니다. 이런 까닭에 그는 성경을 포기하고 이교의 방식으로 설득하는 표현들을 만들고 사용하면서 스스로 귀신을 쫓는 자라고 칭하는 사람은 심판을 받아야 한다고 말했습니다. 그들은 노름에 빠져 귀신들의 조롱을 초래합니다. 스게와의 아들들은 이런 식으로 귀신을 쫓아 내려다가 고난을 당했습니다 행 19:14-16. 귀신들은 이런 사람들의 말을 들을 때에 그들을 희롱하기 시작했지만, 성도들의 말은 두려워하여 참고 견디지 못했습니다. 주님이 성경 말씀 안에 계시며 귀신들은 주께 저항할 수 없기 때문에 "당신께 구하노니 나를 괴롭게 하지 마옵소서" 눅 8:28라고 소리칩니다. 주님이 계시면 귀신들을 사라집니다. 그렇기 때문에 바울은 더러운 영들에게 명령했고 행 16:18, 귀신들은 제자들에게 복종했습니다 눅 10:17. 여호와의 명령에 따라서 거문고 타는 자가 거문고를 탈 때에 여호와의 손이 선지자 엘리사 위에 있더니 엘리사는 세 명의 왕에게 물에 대해 예언했습니다 왕하 3:15. 고난받는 자를 염려하는 사람이 이런 말씀을 낭송할 때에 고난받는 자는 더 많은 유익을 얻고 그 믿음이 참되고 견고하다는 것을 나타낼 것이며, 그것을 보신 하나님이 곤경에 처한 자들에게 완전한 치유를 공급해 주실 것입니다. 이것을 알기 때문에 시편 119편에서는 "내가 주의 모든 계명에 주의할 때에는 부끄럽지 아니하리이다"119:6, 54라고 말했습니다. 그들은 "주의 법이 나의 즐거움이 되지 아니하였더면 내가 내 고난 중에 멸망하였으리이다"119:92라고 말하면서 말씀 안에서 구원을 얻었습니다. 이런 까닭에 바울은 그러한 말씀에 의해서 제자를 강하게 하면서 "이 모든 일에 전심전력하여 너의 성숙함을 모든 사람에게 나타나게 하라"딤전 4:15고 말했습니다. 당신도 이것들을 실천하고 이런 식으로 부지런히 시편을 낭송하기 때문에 성령의 인도하심을 받아 각각의 시편의 의미를 이해할 수 있습니다. 또 당신은 시편을 지은 거룩한 사람들의 삶을 현세에서 본받을 것입니다.